LES FAMILLES TERRIENNES

ET

L'IMPOT PROGRESSIF

SUR LES SUCCESSIONS

PAR

Arnold Mascarel

Ancien magistrat

Ouvrage publié sous les auspices de la Société
d'économie sociale.

Pro aris et focis.
Ne touchez pas aux autels.
Conservez les foyers.

Prix **1** fr. **50**

EN VENTE A PARIS

AUX BUREAUX DE LA SOCIÉTÉ D'ÉCONOMIE SOCIALE

54, Rue de Seine

—

1918

LES
FAMILLES TERRIENNES
ET
L'IMPÔT PROGRESSIF
SUR LES SUCCESSIONS

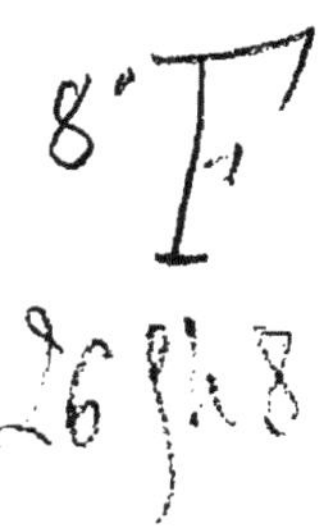

LES
FAMILLES TERRIENNES

ET

L'IMPOT PROGRESSIF

SUR LES SUCCESSIONS

PAR

Arnold Mascarel
Ancien magistrat

Ouvrage publié sous les auspices de la Société
d'économie sociale.

Pro aris et focis.
Ne touchez pas aux autels.
Conservez les foyers.

Prix **1** fr. **50**

EN VENTE A PARIS

AUX BUREAUX DE LA SOCIÉTÉ D'ÉCONOMIE SOCIALE
54, Rue de Seine

—

1918

A

M. Emile PLUCHET

Président de la Société des Agriculteurs de France,
si cruellement éprouvé par la guerre,
qui est un exemple vivant
de ce que peut l'attachement d'une famille
au sol fécondé par son travail
pendant plusieurs générations,
pour perpétuer les traditions
qui sont la force
et l'honneur d'un pays.

9 septembre 1917

Anniversaire de la victoire
de 1 Marne.

AVANT-PROPOS

AVANT-PROPOS

> *Pro aris et focis.*
> *Ne touchez pas aux autels,*
> *Conservez les foyers.*

La gravité des événements ne doit pas nous faire oublier les problèmes d'après-guerre, et plus le formidable drame s'approche de son dénouement, plus il est nécessaire de prémunir l'opinion publique contre des erreurs de fait et de doctrine qui, en se perpétuant, pourraient constituer un sérieux obstacle à notre relèvement. Parmi ces erreurs, l'une des plus dangereuses est certainement celle qui, en accroissant indéfiniment l'impôt sur les successions, tend à détruire l'héritage et à annihiler presque complètement les effets du testament. Les répercussions lointaines de cet impôt sont d'autant plus à redouter qu'elles n'apparaissent pas de prime abord. Le ministre des finances, pressé de boucler son budget, ne voit que la facilité de se procurer des ressources en donnant un simple tour de vis au mécanisme de la progression ; le député trouve commode de pressurer les morts, plutôt que de faire gémir les vivants. Et ainsi, s'introduit dans le corps social

un principe de désagrégation dont les effets, pour
être lents à se produire, n'en sont pas moins
certains.

Chargé de présenter un rapport sur cette question au Congrès de la Société d'économie sociale
de 1916, je fus agréablement surpris de lire dans
l'*Echo de Paris* du 17 juin, sous la signature de
Junius, le billet suivant :

*L'avez-vous remarqué ? Involontairement ou non,
tous nos entretiens, que notre interlocuteur soit un
ouvrier ou un capitaliste, un paysan ou un citadin,
un bourgeois ou un grand seigneur, finissent par
aboutir à une seule question, celle de l'après-guerre.
C'est que, nous le sentons tous, la présente lutte
n'est qu'un moment d'un inexpiable conflit commencé voici des siècles, et qui commande notre histoire entière, aussi bien que celle de nos voisins
d'outre-Rhin. Ce conflit, nos pères s'y étaient trou-
vés engagés, par la nature des choses, qui veut que
le monde germanique et le monde latin se heurtent
éternellement, inévitablement l'un à l'autre. Nous y
avons été précipités à notre tour. Nos successeurs n'y
échapperont pas. Bouvines, Valmy, Iéna, Sedan,
la Marne, Verdun, autant d'épisodes de cette longue bataille qui continuera dans la paix, sous une
forme moins sanglante, mais aussi implacable. Nos
ennemis le savent trop bien. Dès aujourd'hui, leurs*

usines s'acharnent à fabriquer, en même temps que des munitions, des machines de tout genre, dont ils inonderont le marché à peine les signatures échangées. Ils accumulent dans les ports des pays neutres des stocks énormes de matières premières pour alimenter aussitôt leurs industries renaissantes. Vous avez lu qu'en Hollande ils sont en train d'acheter tous les chevaux livrables dès la trève conclue. Comme ils avaient organisé l'invasion des armes, ils organisent celle du commerce, comptant qu'elle réussira plus sûrement que l'autre, et qu'elle nous surprendra, moins avertis encore !

Cette préparation industrielle et commerciale, les Français y pensent-ils, en effet, avec une vision assez nette du danger qui les menacerait, si l'après-guerre les prenait au dépourvu ? Certains signes permettent de l'espérer. En revanche, ils semblent ne pas apercevoir l'importance d'une autre préparation, que j'appellerai législative, faute d'un meilleur mot. Il y a entre les lois et les mœurs une liaison de principe à conséquence dont on croirait que nos compatriotes ne se doutent plus. Sinon, choisiraient-ils, pour les représenter, des députés aux yeux de qui le retentissement lointain de leurs votes paraît ne pas exister ? En voulez-vous une preuve saisissante ? Quand il s'est agi de régler au Parlement la complexe difficulté des loyers, pour combien a pesé dans le débat cette notion de la valeur psycholo-

gique de la propriété si importante pour quiconque
discerne dans la famille l'élément social par définition, la force plastique par excellence, le milieu vital
où s'élaborent, se façonnent, s'achèvent les person-
nalités puissantes ? Dans une remarquable conférence qu'il donnait, le 27 juin, à la Société Le Play,
un des correspondants des Unions de la Paix sociale,
M. Arnold Mascarel, faisait ressortir en des termes d'une précision singulière le rapport de la fiscalité avec l'énergie ou le dépérissement de cette cellule familiale. Son étude portait sur l'impôt progressif et les successions. Il nous montra l'hyper-
trophie de cet impôt toujours accru, et sa répercussion
sur les familles terriennes, dans la grande, la
moyenne et la petite propriété. Plus la taxe s'ag-
grave, plus le budget semble s'enrichir, plus le pays
s'appauvrit, car en s'aggravant cette taxe déra-
cine les familles, elle les disperse, et ainsi dispa-
raissent ces foyers héréditaires « où se transmet-
taient », c'est M. Mascarel qui parle, « les traditions
de la race... Ces familles terriennes, insiste-t-il,
sont la source où s'alimente le patriotisme. Terra
patrum, ce mot dit tout. Qu'il serait amoindri, ce
patriotisme, dans une nation où les foyers héréditaires auraient disparu ! » J'entends nos socialistes
répondre : « Tant mieux si, en attaquant l'héritage,
nous attaquons en même temps la famille, et si nous
préparons cette entente internationale des peuples,

dernier terme de l'affranchissement de l'individu. »
Hélas ! dans leur incapacité de penser par les causes,
ces soi-disant individualistes ne voient pas qu'affai-
blir la famille c'est amaigrir, amincir, anémier
l'individu. Ils ne voient pas davantage qu'en s'ima-
ginant l'affranchir, ils l'asservissent. Je cite de nou-
veau M. Mascarel et sa prophétie, trop cruellement
juste, sur les résultats inattendus des mesures fiscales
non vérifiées comme ce redoutable impôt progressif.
« *Les domaines ruraux, conclut-il, morcelés, ven-*
dus, liquidés par l'effet combiné du partage forcé et
des impôts progressifs sur les successions, deviendront la proie de sociétés anonymes qui, au moyen
d'actions au porteur pourront très bien, à un
moment donné, obéir à une direction occulte,
venue de l'étranger. » *A la lumière des mots que*
j'ai soulignés, relisez quelques pages seulement de
l'Avant-guerre, de M. Léon Daudet, vous vous ren-
drez compte qu'à son insu, tel législateur, qui croit
simplement remanier une loi de finances, se trouve
avoir servi les intérêts d'un ennemi toujours aux
aguets. Le législateur votera demain tous les crédits
qui lui seront demandés pour une artillerie nouvelle.
Il aura raison et son second vote diminuera la noci-
vité du premier. Il eût mieux valu que les deux
votes fussent également nationaux. Des problèmes
de cette nature, les années qui viendront les pose-
ront par centaines. Félicitons les élèves du sagace

Le Play, que Sainte-Beuve admirait tant, d'appeler dès aujourd'hui l'attention des bons Français sur ces axiomes fondamentaux de la science politique : tout ce qui est fait contre la famille est fait contre la patrie, et tout ce qui est fait contre la propriété est fait contre la famille. *Que ces vérités soient comprises, et alors seulement nous pourrons tout espérer de* l'Après-guerre.

JUNIUS.

Il est à peine besoin de faire ressortir la force et la beauté des considérations développées dans ce « billet ». Les lecteurs clairvoyants n'auront pas de peine à y reconnaître la *griffe* de l'un des penseurs les plus profonds de notre temps.

D'autres adhésions me sont venues, quelques-unes infiniment précieuses.

Mgr Humbrecht, évêque de Poitiers, m'a fait l'honneur de m'écrire :

« J'ai lu, d'un trait, votre brochure : *Les Familles terriennes et l'Impôt progressif sur les successions.*

« Les familles nombreuses, en général, seront terriennes ou ne seront pas, et l'impôt progressif sur les successions, fruit du plus pur socialisme, tuera la France en même temps que les familles terriennes qui cesseront, de plus en plus, d'être nombreuses.

« Il faut préparer l'opinion publique et remonter franchement jusqu'au droit naturel chrétien.

« La résurrection nationale est là.

« Veuillez agréer, Monsieur, l'assurance de mes respectueux sentiments,

« † LOUIS

« *Evêque de Poitiers.* »

M. Ravier du Magny, professeur de droit à la Faculté catholique de Lyon, me donne les raisons de son adhésion en termes qui méritent d'être soigneusement médités :

3 octobre 1916.

« Que vous dire d'utile sur les graves pensées que vous avez, j'en suis certain, fait partager à nos collègues de Congrès ?... Elles sont empreintes de la marque de l'expérience. L'histoire des sociétés prospères et des autres les confirme, l'histoire même de notre France qui croissait alors qu'elle respectait ces lois éternelles et qui a vu s'ouvrir devant elle une lente, mais continuelle décadence, le jour où elle les a abandonnées, nous est caution. Nous ne nous relèverons pas autrement qu'en relevant les pierres du foyer. Il y faut la réforme des mœurs, mais aussi celle des institutions, et il existe des principes de politique fiscale, comme de politique tout court, hors desquels rien d'utile et de bienfaisant ne peut être obtenu. Je suis convaincu, depuis bien longtemps, que l'impôt sur l'héritage est le pire de tous, peut-être même le seul essentiellement mauvais. Si toute réforme a besoin, pour réussir, d'être aidée par l'opportunité, ce peut être une raison pour prendre en patience la charge actuelle et transitoire d'impôts mal venus, mais non pour accepter ce mal à titre définitif et pour taire une vérité, *toujours bonne à dire*, mais toujours pénible à appliquer. On gagne toujours quelque chose à dire le vrai, comme à dire le droit, et jamais rien à le taire... Si la France, comme je l'espère fermement, doit sortir plus forte et plus jeune de la terrible épreuve qui l'étreint, ce sera sans doute au témoignage de ses martyrs qu'en reviendra l'honneur. Mais le mérite en sera partagé par le témoignage de ses apôtres, de ceux dont la parole et la plume ont si longtemps paru prêcher dans le désert, et qui auront pourtant éveillé des échos dont la force et la puissance ne se devaient mesurer qu'après une longue attente. On les prenait pour des Cassandre ! Déjà l'événement a confirmé, — de quelle tragique manière ! — la justesse de leurs pronostics. J'espère qu'il ne tardera plus beaucoup à confirmer également la justesse de leurs conseils. »

Sur les moyens d'aboutir pratiquement à un résultat, sans trop effaroucher les défenseurs du budget, M. Jean Keller, qui s'occupe avec un égal succès d'industrie et d'agriculture, m'a indiqué un procédé ingénieux, qui mérite de retenir l'attention :

5 février 1917.

« J'ai lu avec le plus grand intérêt votre brochure. En ce qui concerne le danger que fait courir aux familles terriennes l'impôt progressif sur les successions, je crois que le mal résultant de notre législation est déjà si grand qu'il ne peut guère être accru par les dispositions nouvelles qui frapperaient surtout en ligne collatérale. Il faudrait revenir carrément en arrière et rétablir la liberté de tester, au moins pour les biens fonciers [1].

Peut-on espérer jamais voir ce desideratum réalisé? On serait tenté d'en douter ; mais ce n'est pas une raison, comme vous le dites très bien, de ne pas proclamer les principes sur lesquels doit reposer la société, parce qu'ils sont contraires aux préjugés

---

1. J'ai traité ce sujet dans ma réponse à M. Worms, à propos de son ouvrage : *Natalité et Régime successoral. La Réforme sociale,* avril 1917. Mon honorable correspondant a raison. Par la liberté de tester hautement proclamée se trouverait résolue la question à laquelle Le Play tenait tant, de la libre transmission de l'atelier agricole ou industriel, à l'héritier associé, fût-il étranger à la famille. Quand donc se décidera-t-on à voir dans la liberté de tester, ce qu'elle est réellement, un corollaire pur et simple du droit de propriété, venant fortifier l'autorité paternelle? A la lumière de ces deux principes, tout s'éclaire, tandis que si vous faites intervenir la notion d'égalité et celle de justice distribuée par l'Etat, vous ouvrez la porte à tous ses empiétements et le caractère « sacré, inviolable de la propriété », suivant les expressions employées par l'Assemblée Constituante dans la Déclaration des Droits, disparaît.

établis. On pourrait très bien soutenir que les biens fonciers, payant déjà un impôt plus élevé que les biens meubles, l'excédent de cet impôt doit être considéré comme un abonnement devant *remplacer* les droits de succession, tout comme cela est pratiqué pour les titres au porteur, qui en fait échappent à l'impôt sur les successions et, pour cette raison, sont grevés d'une majoration de l'impôt [1]. Cette question se posera peut-être au lendemain de la guerre, si l'on songe à établir un impôt sur les fortunes acquises. Les journaux ont déjà rapporté qu'il était question en Autriche, d'un impôt ou plutôt d'une contribution frappant une notable partie de la fortune. Les propriétaires fonciers ne pourront pas payer et on ne pourra pas les forcer à vendre sans courir le risque d'amener une crise immobilière terrible ; on sera donc bien obligé de leur donner le moyen d'emprunter pour se libérer : de là à emprunter à l'Etat, c'est-à-dire à augmenter purement et simplement l'impôt permanent, il n'y a qu'un pas, et on aura un exemple d'un impôt annuel, remplaçant, pour la propriété foncière seule, la taxation occasionnelle qui aurait frappé les autres biens.

« Vous voyez, cher Monsieur, que j'abonde dans votre sens et que je vous dépasse. Nul plus que moi n'a le sentiment du préjudice immense que cause à notre société l'instabilité actuelle des familles. »

1. Voir l'Annexe III : *Un moyen de conjurer les effets désastreux de la taxe successorale sur les biens ruraux : l'abonnement.*

Nulle part mon rapport ne devait trouver plus d'écho qu'à la Société des Agriculteurs de France, si directement intéressée à la conservation des familles terriennes.

A la date du 22 septembre 1916, M. Delalande, président de l'Union centrale des syndicats, m'écrivait :

« La question que vous avez traitée est *capitale pour l'avenir de notre pays*, et j'applaudis à votre pensée de créer une agitation autour d'elle. »

L'un des orateurs les plus écoutés des Assemblées générales, le Marquis de Marcillac, émet le même avis :

« Je partage entièrement votre manière de voir ; le foyer rural est le pivot de la régénération du pays ; il faudrait appliquer toutes les mesures capables de le restaurer. » (7 juillet 1916.)

Le 1er septembre 1917, M. Paul Blanchemain, vice-président de la Société, publiait dans la *Revue hebdomadaire* sous ce titre : *A propos de l'impôt progressif sur les successions*, une analyse détaillée de mon rapport. Il y exposait, avec l'autorité qui s'attache à son caractère et à son talent, « les raisons d'abroger des lois funestes qui menacent d'éteindre les foyers héréditaires et de disperser les familles agricoles. »

Le moment me paraît venu d'entreprendre la

campagne d'agitation souhaitée par M. Delalande,
afin que les hommes qui auront, après la guerre,
la tâche de panser les plaies de *la grande blessée*,
trouvent devant eux des solutions mûries et bien
préparées. Aucun intérêt de parti, aucun préjugé
de classe ne devra guider ceux qui s'associeront
à cette campagne et qui, on doit le souhaiter, se
recruteront parmi les patriotes de toute opinion.

Il n'est pas douteux, en effet, que tous les
Français sans exception, riches et pauvres, à
quelque classe qu'ils appartiennent, ont intérêt à
ce que la patrie soit forte.

Elle ne le sera qu'à la condition que les
familles qui la composent, à tous les étages de
l'édifice social, soient organisées conformément
aux lois de ce que le Play a si bien nommé :
« La Constitution essentielle ».

Il y va de l'avenir de la race. Il y va de l'avenir de la nation qui ne saurait subsister en
dehors de ces deux fondements des sociétés
prospères : la Propriété, l'Hérédité [1].

Qu'on le reconnaisse une fois pour toutes et
qu'on légifère en conséquence ! On a travaillé
pendant trop d'années sur une base fausse. Il
est temps de revenir à la vérité sociale, à la vérité politique. A l'Etat dominateur, congestion-

---

1. Voir la note 1.

né, bureaucratisé et impuissant, il est temps de substituer la vaste et souple organisation des familles, des métiers, des communes, des provinces reconstituées suivant leur nature *réelle*. La renaissance nationale est à ce prix.

LES FAMILLES TERRIENNES

ET

L'IMPOT PROGRESSIF SUR LES SUCCESSIONS

LES FAMILLES TERRIENNES

L'IMPOT PROGRESSIF SUR LES SUCCESSIONS [1]

L'impôt progressif sur les successions, longtemps combattu au nom du principe, réputé jusque-là intangible, de la proportionnalité de l'impôt, proclamé par l'Assemblée constituante, est entré, pour la première fois, dans notre législation, le 25 février 1901. On avait promis qu'il serait plutôt dégressif et, en tout cas, très modéré. Or, moins d'un mois après que la progression venait d'être votée, on se mit à la développer. Par la loi du budget du 30 mars 1902 la limite des droits successoraux fut poussée jusqu'à 5 °/₀ en ligne directe, 9 °/° entre époux, 14 °/° entre frères et sœurs, 15,50 °/₀ entre oncles et tantes et neveux ou nièces, 17,50 °/° entre grands-oncles et petits-neveux ou entre cousins germains, 19,50 °/° entre parents au cinquième et sixième degré, enfin 20,50 °/₀ entre parents au delà du sixième degré ou non-parents.

Allait-on, du moins, s'en tenir là? En aucune façon. Le cheminement du *virus* de la progression, suivant l'é-

1. Communication faite à la réunion annuelle de la Société d'Economie sociale dans la séance du 7 juin 1916.

nergique expression de M. Paul Leroy-Beaulieu, devait continuer. A la date du 15 avril 1911, l'éminent rédacteur de l'*Economiste français* pouvait écrire :

« Deux fois déjà, depuis 1902 jusqu'en 1910, les tarifs successoraux ont été relevés ; le relèvement que vient de voter la Chambre est le troisième depuis 1902 et le cinquième depuis 1900. Les maxima des tarifs actuellement en vigueur ont encore été relevés sur la proposition de M. Caillaux, ministre des Finances. Voici les taux extrêmes de progression que la Chambre vient de voter : en ligne directe, au premier degré, lorsque le défunt n'a laissé que deux enfants, 8,65 °/₀ ; quand il n'a laissé qu'un enfant, 10,80 °/₀ ; en ligne directe, au deuxième degré, dans les mêmes cas, 9,30 et 11,60 ₀/° ; en ligne directe, au delà du deuxième degré, dans les cas analogues, 10 et 12, 40 ₀/° ; entre frères et sœurs 23, 25 ₀/° ; entre oncles et tantes ou neveux ou nièces, 28 ₀/° ; entre grands-oncles ou grand'tantes et petits-neveux ou petites-nièces et entre cousins germains, 31 ₀/° ; entre parents au delà du quatrième degré et entre non-parents, 34 ₀/° [1].

---

1. *Loi* du 8 avril 1910. — Ces taux maxima s'appliquent à des successions de grande importance. Ils sont un peu moindres pour les héritages moins considérables. Ils sont encore exorbitants, comme on le verra plus loin. En 1913, une proposition de taxe sur la richesse acquise n'était encore qu'une nouvelle majoration des droits successoraux existants. Elle fut rejetée grâce à l'éloquence persuasive de M. le sénateur Touron dont on ne saurait trop louer l'intervention dans cette circonstance. — Etienne Falck. Les droits successoraux de la guerre : *Correspondant* du 25 décembre 1914. — En 1916, comme il fallait s'y attendre, la perspective du gouffre financier à combler a surexcité l'imagination des empiriques en quête d'expédients. Voici M. Marsal, par exemple, qui, dans la

Ainsi l'État français a maintenant la prétention de percevoir des droits de succession s'élevant à 34 o/°. Encore faut-il ajouter que, en nombre de cas, il s'y joint des frais divers de liquidation, que l'on n'admet qu'avec beaucoup de restriction et d'une· manière insuffisante la réduction du passif, qu'enfin, quand il s'agit d'immeubles, les forfaits à établir par la loi pour l'estimation de la valeur majorent, en général, la matière imposable de 20 à 50 °/₀ au delà de la valeur réelle, parfois même la doublent[1].

« Que devient le principe de l'héritage dans ces conditions [2] ? »

Ce principe est évidemment sacrifié à la folle utopie, venue d'Allemagne, d'après laquelle toutes les propriétés privées, sans exception, devraient faire retour à l'État [3].

Revue politique et parlementaire du 15 janvier, préconise un impôt sur les successions allant jusqu'à 55 % du capital en certains cas, mais rapidement dégressif d'après le nombre des enfants. — N'est-il pas urgent d'avertir ces novateurs qu'ils font fausse route en s'attaquant ainsi aux sources mêmes de la vie et de la prospérité sociales ?

1. Voir l'annexe I.

2. L'*Economiste français* du 15 avril 1911 : « Le virus de la progression en marche. »

3. Il est hors de doute, selon nous, que toutes ces taxes exorbitantes ont été votées avec l'arrière-pensée de détruire graduellement l'héritage. N'oublions pas que la théorie de la nationalisation des terres a des défenseurs à la Chambre. « Les terres appartiennent à la nation », a dit M. Compère-Morel (séance du 21 mars 1916). Quand les surtaxes successorales furent proposées, la nécessité budgétaire ne fut qu'un prétexte. Peu à peu, on prit l'habitude de puiser sans compter dans la bourse des morts, probablement parce qu'ils avaient cessé d'être électeurs. Et beaucoup de députés, réputés libéraux et modérés, donnèrent leur assenti-

Voilà où nous en étions, avant la guerre, en pleine marche vers le collectivisme, grâce à l'impôt progressif sur les successions.

Aurons-nous le droit d'y rester après la guerre, si nous voulons que la France vive ? Telle est la question qui se pose, Messieurs. Il faut avoir le courage de regarder le mal en face, avec les désordres qu'il a déjà produits, avec ceux, plus graves encore, qu'il est fatalement appelé à entraîner, si l'on n'y porte pas remède [1].

ment, sans réfléchir aux conséquences. C'est une chose fort grave, cependant, de violer un principe de droit naturel. De tout temps, l'on avait considéré le droit de propriété, avec son corollaire, le droit de tester, comme un axiome, et l'on avait bien raison. Il n'y a pas de fait plus universel, qui ait de plus fortes racines humaines que celui-là. C'est donc par un véritable contre-sens qu'on est arrivé à considérer l'Etat comme maître des fortunes. Il reconnaît et sanctionne le droit de propriété ; il ne le crée pas. Ainsi en est-il de la transmission de l'héritage. Elle s'opère en vertu de la volonté déclarée ou présumée du propriétaire décédé. L'Etat, qui a la police des successions, a certainement le droit de prélever une taxe comme équivalent du service qu'il rend ainsi aux particuliers, mais il faut que cette taxe soit modérée et équitable. Autrement, elle dégénérerait en confiscation. A quel moment l'impôt dégénère-t-il en confiscation ? — Mirabeau va nous répondre : « Droits sur les fruits sont impôt, droits sur les fonds sont pillage. » (*Théorie de l'impôt.*) Et Sismondi : « Tout impôt doit porter sur le revenu et non sur le capital. Dans le premier cas, l'Etat ne dépense que ce que les particuliers peuvent dépenser. Dans le second, il détruit ce qui devrait faire vivre et les particuliers et l'Etat. » (*Nouveaux principes d'économie politique.*) — Ceci est le point de vue économique de la question. Il y en a un autre, fort important, celui auquel nous nous plaçons dans cette étude, le point de vue *moral, social, national.* — Et certes, il vaut bien le premier !

1. « Une vérité apparaît évidente, pour quiconque réfléchit sans parti pris d'utopie : toute expérience sociale tentée sur un de ces

J'ai l'intention de borner mon étude à la répercussion de l'impôt progressif sur les familles terriennes. Non que les familles commerciales et industrielles, toutes les familles ne soient également intéressées au maintien du principe de l'hérédité, qui est de droit naturel comme celui de la propriété.

Mais, quand il s'agit de la terre, l'intérêt paraît plus pressant, car il s'agit du corps même de la patrie, de sa structure intime, de la force de résistance, par conséquent, qu'elle peut opposer aux coups de l'étranger.

Si les droits de succession sont maintenus dans leur état actuel, il n'y a aucune illusion à se faire : c'est la disparition des familles terriennes à bref délai, dans la petite, la grande et la moyenne propriété.

Et la raison en est simple : dans beaucoup de cas il faudra vendre pour payer l'impôt. La famille qui aura eu la chance d'échapper une fois, deux fois peut-être à l'élévation insensée des droits d'héritage, succombera à la troisième transmission.

Les inconvénients, tant de fois signalés, du partage forcé, sont ici de beaucoup dépassés.

En présence d'une telle perspective, on ne peut que

organismes si profondément ébranlés que vont être les différentes nations de l'Europe sera la mort pour l'Etat qui l'entreprendra. La paix extérieure ne sera profitable à ces nations que si elle institue chez elles la paix intérieure. » (Junius. *Echo de Paris* du 27 décembre 1915.) Dans le même sens, Max Buteau : *Quelques idées du front et de l'arrière. La Réforme sociale* d'octobre 1917, p. 282 : « La tyrannie de l'Etat a vite fait d'écraser un peuple. L'éteignoir du socialisme asphyxierait la France plus sûrement que les gaz des Allemands ». — L'exemple de la Russie est caractéristique.

s'étonner d'entendre M. Chéron, rapporteur du budget à la Chambre des députés, déclarer tranquillement :

« Ce qu'il y a d'avantageux dans l'impôt sur les successions, c'est qu'il n'a pas de répercussion [1]. » Relevant ce propos à la tribune des Agriculteurs de France, le 17 février 1912, je disais :

« Pas de répercussion ! Cela est peut-être vrai au point de vue financier, et encore à la condition que l'impôt soit très modéré ; autrement il provoque l'évasion fiscale... Mais au point de vue social, c'est tout le contraire. Je ne connais pas d'impôt qui ait une répercussion plus profonde sur l'état social, et cela, parce qu'il atteint la famille dans sa constitution intime, qu'il modifie ses conditions d'existence et de durée.

« Or la famille, ne l'oublions pas, est la vraie unité, la vraie cellule sociale ; c'est elle, et non l'individu, qu'il faut avoir en vue lorsqu'on légifère sur les successions.

« Elevons-nous donc, pendant quelques instants si vous le voulez bien, au-dessus des considérations d'ordre purement fiscal et demandons-nous ce qu'il adviendra des familles terriennes les plus éprouvées par le nouvel impôt.

« Je prendrai, pour exemple, une famille représentant la moyenne propriété.

« Non que toutes les familles, les plus grandes comme les plus humbles, ne méritent d'être proté-

---

1. Cité par M. Paul Leroy-Beaulieu : *Le virus de la progression en marche.*

gées ; toutes ont leur utilité sociale ; mais j'estime que les familles appartenant à la classe moyenne sont les plus intéressantes, car ce sont elles qui auront le plus à souffrir de l'exagération des droits sur les successions.

« Les propriétaires des grands domaines seront moins atteints que ceux des moyens domaines, et voici pourquoi : depuis que les valeurs mobilières ont pris un si grand développement, les grosses fortunes purement immobilières sont devenues rares. Tout grand propriétaire un peu avisé a des valeurs en portefeuille, d'une réalisation facile. Ses héritiers auront donc la possibilité d'acquitter les droits de succession, fussent-ils exorbitants, qui leur seront imposés.

« Tout autre sera la condition des héritiers des moyens propriétaires.

« Regardez autour de vous et voyez comment se sont formés généralement les domaines de médiocre étendue.

« Il a fallu l'effort successif de plusieurs générations pour les constituer.

« Toutes les économies. y ont passé. Souvent on a emprunté, pour acquérir lorsque l'occasion s'en est présentée, un champ longtemps convoité.

« L'amour de la terre a fait oublier les inconvénients de l'emprunt.

« Et quel a été le principe de cet effort vers le mieux, dont a profité, remarquez-le bien, la richesse générale du pays ?

« La perspective de laisser le domaine embelli et agrandi à un héritier qui continuera l'œuvre commencée.

« Qui dit famille, en effet, dit continuité. C'est l'instinct profond du cœur de l'homme : on ne changera pas cela [1].

« La famille, a dit Taine, est le seul remède que l'homme ait trouvé contre la mort. »

« Et M. Gaudin de Villaine, sénateur de la Manche, creusant cette idée si juste et si féconde de l'adaptation de l'homme à la terre qui l'a vu naître, a donné cette formule, que je trouve admirable, et que je livre à la méditation de nos hommes d'Etat : « Ce que le corps est à l'âme, la terre, le domaine, l'est à la famille : telle est la tradition française au long des siècles [2]. »

« C'est cette tradition qui menace d'être rompue par l'application des nouveaux tarifs sur les successions.

« Voulez-vous un exemple ? Je prends une succession moyenne, de 100.000 francs, par exemple, et voici ce que je constate.

Un frère qui héritera de son frère aura à payer 11.780 francs de droits. Un neveu qui héritera de son oncle, 14.380 francs de droits. N'est-ce pas une véritable confiscation ?

« Donc, nécessité de vendre et de liquider périodiquement les héritages dans les fortunes moyennes : telle est la perspective qui s'ouvre devant nous.

« Eh bien ! je dis que cela est déplorable et qu'en détruisant ainsi les fortunes moyennes vous causez à l'Etat un dommage incalculable.

« Les classes moyennes, constituent, en effet, la

---

1. Voir la note 11.
2. L'impôt contre la terre, *Libre Parole* du 26 décembre 1910.

partie la plus active et la plus productive de la nation. Privées du loisir que procure la possession de revenus mobiliers considérables, elles sont condamnées, pour se maintenir, à un travail incessant. Elles doivent veiller à ce que la production, dans leurs domaines, se maintienne à un niveau assez élevé ; car les revenus de leurs biens doivent suffire à leurs besoins et à ceux de leurs familles.

« De plus, elles ont un rôle régulateur à remplir. Placées plus près des travailleurs des champs que les propriétaires des grands domaines, il leur appartient d'établir avec ces travailleurs des rapports de confiance et d'affection fondés sur l'échange des services. »

Examinant les conséquences de la mobilisation du sol qu'on nous présentait comme la suite fatale de l'évolution économique, j'ajoutais :

« Je ne verrais pas sans inquiétude, je l'avoue, la constitution actuelle de la France agricole modifiée de telle sorte que les terres y seraient possédées presque partout par des sociétés anonymes, qui les exploiteraient avec la rigueur inhérente au régime industriel.

« Je craindrais de voir le fléau des grèves s'abattre sur ces pays privilégiés, où règne encore la paix sociale, grâce aux rapports bienveillants, affectueux, qui s'établissent entre maîtres et serviteurs, propriétaires et métayers, dans les familles demeurées fidèles aux meilleures traditions du passé.

« Je me demande ce qu'il adviendrait de cette foule de prolétaires, n'ayant plus d'attaches au sol, rivés à la nécessité de gagner leur pain quotidien et privés de l'appui des autorités sociales dont ils étaient naguère entourés. Livrés sans défense à toutes les excitations des meneurs de cabaret, je me demande jusqu'où iraient leurs revendications et si les théories les plus folles du collectivisme ne recruteraient pas parmi eux des adeptes, en attendant qu'elles en fissent des victimes.

« A un autre point de vue, je me demande également si la propriété foncière, perpétuellement liquidée, morcelée, passant de mains en mains, ne deviendrait pas la proie d'agioteurs cosmopolites qui pourraient très bien, à un moment donné, obéir à une direction dont les bureaux seraient installés en dehors de nos frontières.

« A ce compte-là, nous ne serions plus maîtres chez nous.

« C'est un point d'interrogation que je pose. Vous voyez le péril : il est immense !

« La conséquence pourrait être la dénationalisation partielle du sol de France[1]. »

LES RÉVÉLATIONS DE L' « AVANT-GUERRE ».

Quand je parlais ainsi, Messieurs, j'ignorais les révélations de l'*Avant-guerre*, de Léon Daudet. Après avoir lu ce livre, il n'est plus permis de concevoir de doute sur l'étendue du péril que je signalais.

Le travail lent de pénétration et d'infiltration des Allemands en France est aujourd'hui connu. Avec la

---

1. Voir note IV.

ténacité patiente de leur race, ils fondèrent partout, sous le voile de sociétés anonymes, des établissements commerciaux et industriels destinés à supplanter les nôtres. Ils découvraient les richesses de notre sous-sol et s'en emparaient, s'appropriaient de vastes étendues de notre territoire, en un mot devenaient peu à peu les maîtres chez nous. Qui sait jusqu'où cela les eût conduits et si, dans un laps de temps assez court, une partie considérable du sol français ne fût pas devenue terre allemande ? Comment faire, après la guerre, pour éviter le renouvellement d'un pareil danger ?

Un jurisconsulte bien connu, M. Gustave Théry, s'est posé la question dans un article de la *Revue catholique des Institutions et du Droit* [1]. En voici le résumé :

« L'infiltration étrangère a pour conséquence l'acquisition du sol français par les étrangers.

« Actuellement tout étranger peut devenir, en France, propriétaire du sol, du sous-sol et de la superficie.

« Or, supposons que, systématiquement, une nation étrangère achète en France, sous le nom de ses nationaux, toutes les propriétés qui sont à vendre dans une région, qu'elle y mette le prix, qu'elle provoque des ventes par des offres avantageuses, en cinquante ans, (peut-être avant), ses nationaux peuvent être propriétaires de la région presque entière.

---

1. *La France aux Français*, par Gustave Théry, avocat, administrateur de l'Université catholique de Lille. *Revue catholique des Institutions et du Droit*, septembre-décembre 1915.

« Que ceux-ci expulsent les occupeurs français pour les remplacer par des étrangers, cette région ne sera plus la France, mais un prolongement du pays qui aura réussi à y implanter ses nationaux.

« Est-ce là une hypothèse en l'air ? Evidemment non. L'infiltration allemande, sur toute la frontière de l'Est, et le nombre des immeubles allemands mis sous séquestre justifient notre hypothèse.

« Il faut donc revenir aux principes, qu'un cosmopolitisme imprudent a fait oublier, et reconnaître qu'une nation doit défendre son sol contre l'invasion étrangère, si elle veut conserver sa nationalité.

Il est donc essentiel de revenir à la règle : seuls les Français peuvent être propriétaires du sol français, et dans les colonies et pays de protectorat, seuls les Français et les indigènes peuvent être propriétaires du sol.

« Il faut interdire aux étrangers, non seulement la propriété du sol, mais encore les jouissances à long terme qui, par leurs effets, se rapprochent de la propriété. Il y aurait donc à poser aussi la règle suivante : les étrangers ne peuvent avoir la jouissance du sol qu'en vertu de baux n'excédant pas neuf ans, renouvelables trois ans au maximum avant leur expiration. »

... La règle posée, il faut prendre les moyens d'en assurer le respect.

« Au regard des individus, c'est fort simple. Il est facile de découvrir si un homme est Français ou non.

« L'étranger pourra-t-il user d'un prêtre-nom français ?

« Le moyen serait trop dangereux pour être pratique.

« Mais si l'emprise étrangère se dissimulait sous la
forme d'une société avec actions au porteur, il en serait différemment. Il ne suffirait pas de dire en effet :
une société française seule peut être propriétaire du
sol français.

« Quand une société est-elle française ? Aucun texte
de loi ne résout la question, mais on peut déduire de la
jurisprudence qu'une société est française du moment
qu'elle est constituée en France, conformément à la
loi française, et possède son siège social en France.

« Il en résulte qu'une société composée exclusive-
ment d'étrangers, mais constituée comme il est dit ci-
dessus, est française. La nationalité des associés est
donc sans influence sur la nationalité de la société.

« D'autre part, chacun sait qu'une société d'Allemands ne peut être une société française. »

M. Gustave Théry discute ici la théorie de la
société, être juridique, distinct des associés. Il la
condamne et dit qu'il faut en revenir à la formule des
anciens scolastiques : *Universalitas nihil aliud est
quam homines qui ibi sunt.* La société n'est autre que
les associés.

« Dès lors, tout s'éclaire, tout se simplifie. Des
étrangers ne peuvent former entre eux qu'une société
étrangère.

« La question se poserait seulement au cas où des
gens de nationalité différente s'associeraient entre
eux. La loi seule pourrait indiquer la nationalité que
l'on doit attribuer à cette réunion cosmopolite.

« Mais comment connaître la nationalité des associés, s'ils possèdent des actions au porteur ?

« D'après la loi française, une société anonyme
peut fonctionner actuellement en France si elle a un
seul administrateur et s'il est propriétaire d'une seule
action nominative, déposée dans la caisse sociale en
garantie de sa gestion. Toutes les autres actions peuvent être au porteur.

« Rien de plus facile donc que de faire fonctionner,
en France, une société anonyme composée de tous
étrangers, sauf un membre, propriétaire d'une action
nominative.

« Pour obvier à cela, le seul moyen est de suppri-
mer les titres au porteur.

« Le fisc ne devra pas s'en plaindre, puisque, de la
sorte, beaucoup de dissimulations seront devenues
impossibles. De plus, les fortunes composées de titres
nominatifs deviendront le gage des créanciers, et
l'on ne verra plus ce scandale d'un millionnaire qui,
à la condition de loger en garni et de louer un coffre-
fort dans une banque pour y déposer ses titres au
porteur, se rend absolument insaisissable.

« Les joueurs à la Bourse seuls se plaindront. Il
est à peu près impossible de faire, sur des titres nominatifs, des opérations à terme, en suivant la procédure adoptée à la Bourse. Ce serait donc une entrave
apportée à la facilité du jeu.

« Les agents de change, coulissiers, remisiers et
autres, qui vivent du jeu, et les joueurs qui, trop souvent, en meurent, réclameraient, mais où serait le
mal pour la société ?

« Le jeu est la plaie de toutes les affaires sérieuses ; il est une cause de démoralisation pour les joueurs heureux, une cause de ruine pour les autres. On supprimerait les titres au porteur rien que pour enrayer le jeu.

« Donc, à tout point de vue, cette suppression serait heureuse.

« Elle est, en outre, indispensable, si l'on veut empêcher les étrangers de devenir, sous le couvert de sociétés, propriétaires du sol français.

« Pendant longtemps on a, malheureusement, fermé les yeux en présence du danger : l'infiltration étrangère s'est opérée librement, ainsi que l'acquisition du sol français par des étrangers.

« La guerre a ouvert les yeux et révélé le péril.

« Il faut, la guerre terminée, que les Français se décident à prendre des mesures indispensables pour sauvegarder la Patrie et la race en conservant la France aux Français [1]. »

Telle est l'immense gravité de la question que soulève l'application de l'impôt progressif sur les successions aux familles terriennes.

Avant de conclure, je voudrais réfuter une objection que je pressens, car elle m'a été faite, il y une vingtaine d'années, quand je recommandais la conser-

---

1. La solution proposée par M. Gustave Théry pourrait paraître trop radicale si on devait l'étendre à toutes les sociétés indistinctement. Elle serait au contraire très justifiée et d'une application facile, si on la limitait aux sociétés immobilières possédant des immeubles situés en France. C'est ce qu'a fait remarquer M. Isaac, président de la Chambre de commerce de Lyon, dans l'échange d'observations qui a suivi la lecture du rapport.

vation ou le rétablissement des familles-souches au nom de l'intérêt moral, social, national qui s'attache à l'hérédité du foyer.

« Vous vous débattez en vain, me disait-on alors, vous ne pourrez lutter contre l'évolution économique qui, par suite de la multiplication des moyens de transport et des conditions nouvelles de la production, tend à la mobilisation du sol. A quoi bon chercher à ressusciter des institutions vieillies, qui n'ont plus de raison d'être dans la société de demain ? »

Je répondais : « Même si l'évolution économique devait aller à l'encontre de la stabilité du foyer, il n'appartiendrait pas à un législateur prévoyant de la précipiter. »

Mais, examinons de près, si vous le voulez bien, à la lumière des principes de la science sociale, cette objection tirée de la fatalité de l'évolution.

L'ÉVOLUTION.

Assurément, s'il est un mot dont on a usé et abusé au temps où nous sommes, c'est bien celui-là. Préparée par les études, en partie vérifiées, de Darwin sur le *transformisme*, la doctrine de l'évolution s'est imposée à un grand nombre d'intelligences, inhabiles à discerner le vrai du faux dans cette décevante théorie. Et pourtant, à y regarder de près, qu'y a-t-il de moins satisfaisant pour la raison que cette conception d'un univers inconscient, qui évoluerait vers un progrès fatal, en vertu d'une force latente et invincible, dont on n'apercevrait ni la cause, ni le terme ?

Si la nature de l'homme, en tant qu'être moral, n'est pas conditionnée par une loi précise, dont nous pouvons affirmer, dès à présent, le caractère invariable et absolu, la moralité des actes humains échappe à toute appréciation, puisqu'elle n'a plus qu'un caractère relatif, ce que nous jugeons bon à l'heure présente pouvant devenir mauvais dans un avenir plus ou moins éloigné, et réciproquement. Qui ne voit ce qu'une telle conception de la destinée humaine a de dangereux ?

Cependant, elle règne en maîtresse, elle s'étale dans les discours des philosophes ; elle inspire les discours des hommes d'Etat. Le Play a noté cette thèse du progrès fatal et indéfini, comme l'une des plus pernicieuses erreurs qui aient corrompu l'esprit public dans notre temps. Un homme d'Etat, imbu de cette idée, croit pouvoir tout se permettre, puisque, quoi qu'il fasse et dès lors qu'il a pour lui l'approbation du nombre, il est l'agent nécessaire du progrès. Tous les excès du fanatisme, tous les attentats contre le droit naturel, ont ainsi leur justification et leur excuse.

L'un des mérites de Le Play est d'avoir su discerner dans les sociétés humaines, l'accidentel de l'immuable, le transitoire du fond éternel. Il a porté ainsi un coup décisif à la doctrine de l'évolution.

Non qu'il fermât les yeux à une vérité aussi évidente que la lumière du jour, à savoir que les sociétés se transforment. Sans doute elles se transforment par le progrès des sciences naturelles qui modifient la physionomie de notre planète et les conditions d'existence matérielle de ses habitants, mais en dépit de tous les changements, l'homme, en tant qu'être moral et social, demeure soumis à une loi suprême qu'il n'a pas faite, qu'il n'est pas en son pouvoir de corriger ou de détruire et dont, seule, l'observance lui assure la prospérité et la paix.

LA FAMILLE A UNE CONSTITUTION ESSENTIELLE

Or, de même que l'humanité dont elle est la substance, la famille a une constitution essentielle. Pourquoi ? Mgr d'Hulst va nous le dire :

« La famille a une constitution essentielle parce que l'homme véritable, c'est l'homme raisonnable, moral, religieux. Il est tout cela par nature, il ne l'est pas devenu avec le temps. Ces qualités tiennent à son essence ; elles sont inamissibles. Telle est l'affirmation qu'il convient d'opposer aux données de l'anthropologie prétendue scientifique [1]. »

Les enseignements de la science sociale, fondée sur la méthode d'observation, sont ici d'accord avec ceux de la théologie catholique.

Les familles saines et bien constituées se reconnaissent à ce signe qu'elles sont soumises à trois lois : loi d'unité, loi d'amour, loi de stabilité.

1° *Loi d'unité*. — Toute famille est nécessairement une et en même temps composée de plusieurs membres. C'est une société et aucune société ne saurait subsister sans autorité. Il appartient au père de

1. *Conférences de Notre-Dame*, 1895.

l'exercer. Telle est, depuis l'origine du monde, la tradition constante du genre humain.

La famille est composée de personnes diverses par leurs aptitudes, qui se complètent l'une par l'autre. D'où la notion de hiérarchie jointe à celle de dépendance. L'idée d'égalité doit être bannie des rapports familiaux. Ni la femme n'est égale à l'homme, ni le fils n'est égal au père. Remarque importante et qu'il ne faut pas perdre de vue lorsqu'il s'agit d'apprécier le caractère utile ou malfaisant de certaines réformes inspirées par l'esprit de ce que Le Play a eu le courage de nommer : *les faux dogmes* [1].

Si l'égalité, encouragée par les mauvaises lois et par les mauvaises mœurs, parvenait à s'établir définitivement dans la famille, ce serait pour la dissoudre. La famille cesserait d'être un ensemble composé d'éléments se complétant les uns par les autres. La moindre secousse pourrait les séparer [2].

Cela est vrai rationnellement. Cela est démontré également par l'observation. Dans tous les temps où la civilisation morale a atteint son apogée, la famille a été l'école de l'obéissance et du respect.

2° *Loi d'amour.* — Une autre loi de la famille, c'est la loi d'amour. Elle assure la cohésion du groupement familial ; elle entretient, entre ses membres, une circulation perpétuelle de charité. Là où elle fait défaut,

---

1. Il les réduisait à trois : fausse croyance à la bonté originelle de l'homme, à l'égalité providentielle, au progrès fatal et indéfini.

2. D'Ussel, *Condition morale de la Démocratie,* cité par des Cilleuls, *La population,* p. 141.

la souffrance apparaît ; là où elle règne dans sa plénitude, la prospérité se manifeste. Elle est la source du renoncement, du dévouement, de l'esprit de sacrifice. Elle crée le devoir d'assistance, elle le facilite, au plus grand avantage des faibles et des blessés de la vie qui trouvent, dans l'assistance de leurs proches, la force d'en surmonter les épreuves [1].

3° *Loi de stabilité.* — Enfin une troisième loi de la famille, c'est la loi de stabilité.

La famille est stable de deux façons :

1. Par la conservation des traditions qui s'y transmettent de père en fils, traditions qui constituent une force morale de premier ordre, lorsqu'elles reposent sur la fidélité à l'honneur et à la vertu ;

2. Par la conservation du foyer qui est, chez les races sédentaires, le cadre matériel où la famille se perpétue, où sa puissance de cohésion s'affirme, au plus grand avantage de la vitalité de la nation, la continuité familiale devenant ici le principe de la continuité nationale [2].

---

1. L'Etat empiète sur le domaine de la famille quand il prétend se substituer à elle pour venir en aide à ses membres malheureux. Le devoir de l'Etat ne commence que là où la famille est dans l'impossibilité d'agir. C'est pour avoir perdu de vue cette vérité, que nos législateurs travaillent à mettre sur pied tant de lois mal conçues qui, toutes, partent de la fausse notion de l'Etat-Providence.

2. C'est pourquoi la famille-souche a été recommandée par Le Play, au point de civilisation où nous sommes parvenus, comme le type le mieux approprié à l'accomplissement des fins providentielles de la famille.

Quoi qu'on ait prétendu, ce type est parfaitement compatible avec les nouvelles conditions de la production telles qu'elles

Aussi est-il rigoureusement vrai de dire : Point de famille sans foyer.

A la lumière de ces principes, il est aisé de discerner la faute que commettent ceux qui font bon marché de l'organisation traditionnelle de la famille, sous le prétexte qu'on n'y peut rien, qu'il faut céder à l'évolution.

L'INDUSTRIALISATION DE L'AGRICULTURE.

Non moins grave serait la faute de ceux qui voudraient faire exploiter la terre par des sociétés anonymes dans le but d'intensifier la production agricole, ramenée à la forme industrielle, *dussent les petits domaines en souffrir, et même être, en grande partie, détruits*.

Cela n'irait pas sans un grave dommage pour l'ordre social et probablement sans une notable diminution d'une vertu dont nous aurons plus que jamais besoin dans les années qui suivront la guerre : le patriotisme.

Le patriotisme, en effet, a sa source dans l'attachement à la terre. Le mot l'indique : *terra patrum*, la patrie. Les foyers héréditaires sont sa meilleure sauvegarde et l'on peut même se demander si le patriotisme ne serait pas, à la longue, considérablement

résultent de la révolution économique amenée par la multiplication des moyens de transport. — *La Famille-souche, selon Le Play, sa raison d'être, son avenir*. Lettre au directeur de la *Science sociale*. Paris, Oudin, 1895.

amoindri dans un pays où les foyers héréditaires auraient disparu [1].

On entend dire couramment : « Il faut que l'agriculture s'industrialise de plus en plus. » N'exagérons rien. Sans doute, il est désirable que notre production agricole augmente, mais pas par des moyens propres à troubler et à désorganiser notre constitution sociale. Le point de vue économique, ici, n'est pas le seul à considérer. Produire la plus grande somme de richesse possible n'est pas la fin unique vers laquelle doivent tendre toutes les énergies d'un peuple [2].

1. « L'ordre des choses veut que l'individu naisse, grandisse, agisse dans un milieu terrien et historique, qu'il soit fonction de ce milieu, dans le passé par ses hérédités, dans le présent par sa famille, sa langue, ses concitoyens, son métier, dans l'avenir par ceux qui naîtront de lui. Tant vaut ce milieu vital, tant il vaut lui-même, et c'est la patrie. » Billet de Junius, *Echo de Paris* du 15 mai 1916. — Il nous plaît de rapprocher ces belles réflexions de ce qu'écrit M. Deherme, fondateur des Universités populaires, dans sa courageuse et substantielle brochure : *Le Devoir de servir et de militer*, chez l'auteur, 6, rue de la Madeleine, Paris.

« C'est par la famille que la patrie se comprend. D'abord, celle de la région. Sans la famille avec ses biens indivisibles, avec son chef écouté, avec la mère respectée, avec la fierté des ancêtres et l'espoir de la descendance, il n'y a plus qu'un troupeau d'électeurs, toujours prêts à se débander.

« Notre patrie est plus qu'une majorité électorale, plus que l'unanimité des électeurs et même que la totalité des vivants présents. Elle est le sol d'abord, ceux qui naissent sur ce sol et en tirent leur subsistance ; mais plus encore, de plus en plus, elle se compose de ceux qui ont passé sur cette terre, de ceux qui l'ont embellie, fortifiée, fertilisée de leur travail, de leur pensée et de leur amour ; de tous ceux enfin qui viendront après, l'innombrable postérité, avec toutes les possibilités d'un perfectionnement indéfini. »

2. Voir note V.

Il y a tout un autre ordre de besoins à envisager.
Ce sont les besoins moraux, qui trouvent leur satisfaction dans un développement de la famille conforme
au plan providentiel, tel que ie l'ai esquissé plus
haut.

D'ailleurs la culture intensive n'est nullement in-
compatible avec le maintien de la petite, de la grande,
de la moyenne propriété. De très grands progrès ont
déjà été réalisés par les associations de petits cultivateurs conseillés et dirigés par les propriétaires des
grands domaines. Ceux-ci, très certainement, pour
peu qu'ils aient conscience de leur devoir social — et
il s'en rencontre un grand nombre chez nous qui sont
dans ce cas, comme en témoignent les assemblées
générales périodiques de la Société des Agriculteurs
de France, — ceux-ci tiendront à honneur de donner
l'exemple des bonnes méthodes et s'efforceront de
marcher constamment à la tête du progrès. Cela leur
sera d'autant plus facile qu'ils auront derrière eux
des trésors d'expérience acquise, car les transforma-
tions d'une terre sont lentes à réaliser. Voilà ce qu'il
ne faut pas oublier, quand on parle d'industrie appli-
quée à l'agriculture. S'il fallait donner un exemple, je
citerais la famille Pluchet, qui avait créé dans la région
de Roye, si cruellement dévastée par la guerre, un
établissement agricole-modèle aujourd'hui détruit,
fruit du travail accumulé de plusieurs générations.
Que le vénéré président de la Société des Agriculteurs
de France, si courageux dans l'adversité, reçoive ici
l'hommage ému de notre admiration et de notre sym-
pathie. (*Applaudissements.*)

RÉSUMÉ ET CONCLUSION.

Le mal est connu, le péril est certain ; où est le re-mède ?

A mon sens — et c'est ma conviction profonde que je voudrais faire passer dans vos esprits — rien ne sera fait tant que nous n'aurons pas extirpé le mal jusque dans ses dernières racines, tant que nous n'aurons pas effacé dans notre législation toutes les traces de l'erreur individualiste.

A voir nos législateurs à l'œuvre, on dirait qu'ils sont hantés par une idée fixe qu'on pourrait définir ainsi : *Tout par l'Etat et pour l'individu*. Alors que la vérité vraie, la vérité génératrice de progrès et de vie est celle-ci : *Le plus possible par l'initiative privée et pour la famille, cellule primitive de la Cité*.

Donc, point de demi-mesures ni de transactions. La vérité intégrale hautement affirmée et pratiquée peut seule nous sauver. Après 127 ans d'expérience, nous avons cueilli les fruits de l'individualisme révolution-naire, nous savons à quoi nous en tenir. Il est temps de nous arrêter. A quoi serviraient les catastrophes, si elles n'avaient pour effet de nous faire rentrer en nous-mêmes et de nous amener à reconnaître nos erreurs ? Ainsi le voyageur perdu dans la montagne, au milieu d'une tempête, retrouve son chemin à la lueur des éclairs.

Au sortir de la crise terrible qu'elle traverse, la France éprouvera une immense lassitude en même temps qu'un besoin impérieux de revenir aux conditions d'une vie normale. Ces conditions, nous les connaissons ; elles ont été définies avec précision, il y a quarante-cinq ans, par l'auteur de la *Réforme sociale*, alors que notre pays venait de connaître les horreurs de la guerre civile, après celle de l'invasion [1].

Malheureusement ses conseils ne furent pas écoutés.

Après quelque hésitation, la France s'engagea de nouveau dans la voie de l'erreur [2].

De nouveaux coups furent portés à la famille. L'un des plus sensibles fut l'impôt progressif des successions qui aggrava dans une proportion formidable, comme je crois l'avoir démontré, les inconvénients déjà si grands, du partage forcé.

Et pourtant point de relèvement national possible, en dehors de la préservation et de la reconstitution de la famille.

---

1. F. Le Play. *La Paix sociale après le désastre*, 1871.

2. « Ayant épuisé tous les modes de la pensée révolutionnaire, nous touchons son tréfonds, qui est l'anarchie pure. Il faut sortir de là ; un état à ce point contre nature ne saurait s'établir et durer sans amener *la destruction du genre humain*. Il faut songer à préparer dès maintenant, par la diffusion de la vérité sociale intégrale, l'avènement, peut-être prochain, de la société nouvelle. » (Favière, *Le rôle social de la Charité*.)

A ceux que cette appréciation pourrait choquer, comme entachée d'une visible exagération, nous conseillons de se reporter à la séance du Congrès, 8 juin, où furent exposés les résultats de la Loi du Divorce. Pas une seule fois, depuis que cette loi néfaste a été votée, le chiffre des divorces prononcés n'a été inférieur à celui de l'année précédente. Les magistrats ne se donnent même plus la peine d'examiner les dossiers. Ils prononcent le divorce en masse. C'est la course à l'union libre. Et les commentaires des parties donnent la mesure de l'effrayante rapidité avec laquelle le sens moral baisse dans la nation. Il faut absolument arrêter cela... ou périr.

« La famille, dit M. Favière[1], reste pour le présent et pour l'avenir, comme dans le passé, l'organe essentiel, le principe vital de toute société humaine. Tout comme au temps des patriarches bibliques, comme dans la Rome antique, comme sous l'Ancien régime, la famille reste le support unique et nécessaire de tout l'ordre social moderne, la base d'élan de tous les progrès possibles. Ses allures et ses habitudes ont pu se modifier ; ses appuis, ses sauvegardes et ses garanties ont pu se déplacer ; ni les uns ni les autres ne peuvent être affaiblis ; car elle n'a pas besoin de moins de noblesse, de force et de stabilité que par le passé, pour maintenir la civilisation à la hauteur où l'ont élevée les fortes générations de l'ancienne Europe. »

« Le père de famille est encore aujourd'hui, comme à l'origine, la clé de voûté de l'ordre social[2]. »

Si cela est vrai, d'une vérité éternelle, agissez en conséquence et dotez-nous d'une législation en rapport avec les principes d'où dépend notre salut.

Mais les préjugés égalitaires nés d'un attachement

---

1. M. Favière, ancien directeur de l'Enregistrement, l'un des collaborateurs les plus appréciés de la *Réforme sociale*, et l'un des meilleurs amis de notre œuvre, est mort à Bourbourg (Nord) le 29 mai 1914. Penseur original et profond, il a laissé un grand nombre d'écrits qui attestent la sûreté de ses vues et la clairvoyance parfois prophétique de son intelligence. Je citerai parmi les principaux : *Le Progrès*, *l'Anarchie intellectuelle*, *l'Héritage libre*, le *Rôle social de la Charité* (cette dernière étude fut publiée dans la *Revue catholique des Institutions et du Droit*, les autres l'ont été dans notre *Revue*). Nous espérons pouvoir publier, un jour, les œuvres choisies de M. Favière. On ne peut se les procurer actuellement que sous la forme de tirages à part.

2. *Le Progrès. A qui appartient l'enseignement.*

aux faux dogmes de la Révolution sont encore trop fortement ancrés dans les esprits. L'opinion publique, spécialement sur la question de la liberté de tester, ne vous suivra pas...

Messieurs, vous connaissez le mot si souvent cité de Le Play sur les honnêtes gens qui propagent des idées fausses, sous prétexte que la nation ne voudra jamais y renoncer : « Si elle n'y renonce pas, elle périra ; mais ce n'est pas un motif pour accélérer la décadence en adoptant l'erreur. Il n'y a pas d'autre règle de réforme que de chercher le vrai et de le confesser, quoi qu'il arrive. »

Nous sommes tous d'accord sur ce point, n'est-il pas vrai, qu'il faut donner à la nation la possibilité d'une forte vie morale. Donc, reconstituons la famille sur ses bases naturelles : autorité, stabilité, hérédité.

Les moyens pratiques ? Ils sautent aux yeux :

Abolition de l'article 815 du Code civil relatif à l'indivision [1] ;

---

1. Une fois qu'on sera entré dans cette voie, il semble que ce serait le cas de réagir contre l'absurde préjugé de la mainmorte, à qui nous devons presque toutes les lois de persécution dirigées contre les catholiques : confiscation des biens d'Eglise, dispersion des congrégations religieuses, et le reste... Il apparaît de plus en plus clairement que la mainmorte sagement réglée n'a rien en soi de contraire à la prospérité de l'Etat, tant s'en faut. L'idée de la propriété corporative dont bénéficierait tellement la classe ouvrière est en marche, et si son triomphe devait coïncider avec une liberté égale accordée aux Associations religieuses, ainsi qu'aux évêques représentants de la hiérarchie catholique, la question religieuse et la question sociale pourraient bien se trouver résolues du même coup, pour le plus grand profit de la nation qui, délivrée de cet obsédant souci, pourrait enfin consacrer toutes

Suppression de l'inique impôt progressif sur les successions ;

Liberté de l'héritage [1].

Ainsi se trouveront renforcées, du même coup, l'Autorité paternelle et l'inviolabilité de la propriété privée, deux principes tutélaires entre tous, qu'il est nécessaire de sauvegarder si l'on veut que la « France éternelle » renaisse après la victoire [2].

ses énergies à préparer la défense de ses frontières et à développer sa production agricole, commerciale et industrielle.

Quand on songe aux capitaux immobilisés dans les grandes Banques, les grandes industries, les compagnies de chemins de fer, depuis l'extension immense qu'a prise la fortune mobilière, on se prend à sourire en présence de l'irritation violente qu'excite encore, principalement dans le monde des hommes d'affaires, où la mise en œuvre du partage forcé procure, il est vrai, de beaux bénéfices, le seul mot, *mainmorte*. Il serait temps de se défaire de ce sot préjugé. M. Léon Say en a donné l'exemple en reconnaissant que la mainmorte serait bien utile pour permettre de constituer des œuvres charitables dues à la générosité privée, ce qui dégrèverait d'autant le budget de l'Etat. (Cité par M. de Lamarzelle dans son discours au Sénat sur la tutelle des orphelins de la guerre.)

1. Nous disons liberté de l'héritage parce que c'est le droit d'hériter lui-même qui est menacé par les taxes exorbitantes dont sont frappées les successions. Mais il va sans dire que nous adhérons pleinement au principe de la liberté de tester que l'école de la Paix sociale a constamment inscrit en tête de ses revendications. Cette réforme, que Le Play considérait comme la plus importante de celles qu'il conseillait à ses contemporains, aurait pour effet de donner à toutes les familles, — aux plus humbles comme aux plus élevées, — un élément d'accroissement et de vie, pour le plus grand profit du corps social tout entier. Cela est parfaitement compris en Angleterre, au Canada, aux Etats Unis. Pourquoi la France ne suivrait-elle pas l'exemple donné par ces nations, qu'on cite généralement comme des types de nations prospères ?

2. Message de M. Poincaré aux Français le jour de la mobilisation.

Parmi les éléments sur lesquels nous pouvons compter pour opérer notre résurrection, la famille rurale française occupe le premier rang. Après avoir largement contribué à la défense du pays, — car c'est un fait que les cultivateurs ont été plus éprouvés que les ouvriers des usines par le feu de l'ennemi, — cette famille mérite d'être traitée avec des égards exceptionnels. Il serait équitable de ramener, pour elle, l'impôt progressif des successions à ce qu'il était avant que le fatal principe de la progressivité eût été introduit dans nos lois de finance [1].

C'était le vœu qu'exprimait le groupe des Agriculteurs de France du département de la Vienne dans une délibération du 5 janvier 1914, dont voici le texte :

« Considérant que la progression constante des droits de succession, telle qu'elle s'affirme depuis plusieurs années dans les budgets présentés aux Chambres, semble indiquer, chez les auteurs de ces projets, l'arrière-pensée de détruire graduellement l'héritage, c'est-à-dire l'institution, qui, en reliant les générations les unes aux autres, assure normalement la continuité de la race ;

---

1. 1 % en ligne directe, 6.50 entre frères et sœurs, oncles et tantes, neveux et nièces, 7 % entre grands-oncles et grand'tantes, petits-neveux, petites-nièces et cousins germains, 8 % entre parents plus éloignés. c'est-à-dire du quatrième degré jusqu'au douzième degré, (limite des successions *ab intestat*, 9 % entre personnes non parentes et enfin de 3 % entre époux.

Voilà les droits qui furent appliqués pendant toute la première moitié du xixe siècle. Ils ménageaient l'héritage, le considérant comme étant un fait aussi utile à la société qu'à la famille (Paul Leroy-Beaulieu, l'*Economiste français* du 15 avril 1911).

« Considérant que cet impôt, en décourageant les entreprises à longue échéance, est essentiellement nuisible au progrès agricole, qui n'a pas de meilleur stimulant que l'espoir, pour un père, de laisser sa propriété améliorée et embellie à ses enfants ;

« Considérant qu'en dépréciant la terre et qu'en poussant l'épargne à se réfugier dans les valeurs mobilières, d'une réalisation plus facile, on risque de faire des Français des déracinés, sans foyer stable, sans attaches à un lieu déterminé et d'affaiblir par conséquent en eux le sentiment national ;

« Fait appel au patriotisme de MM. les membres du Parlement pour qu'ils revisent une législation néfaste, également attentatoire à la famille et à la Patrie;

« Et considérant que la terre, à raison de la fonction de tout premier ordre qu'elle remplit dans la vie économique et sociale de la nation, a droit à une situation *privilégiée* [1], émet le vœu que l'impôt progressif sur les successions ne soit pas appliqué aux propriétés rurales, lesquelles n'auraient à supporter

---

1. A ceux que ce mot offusquerait, nous répondrons que les fortunes terriennes sont beaucoup plus atteintes que les fortunes mobilières par l'impôt sur le revenu. « D'une manière générale, dit M Gaudin de Villaine, dans un article fort bien documenté (l'impôt contre la Terre, *Libre Parole* du 26 décembre 1910), dans l'ensemble des 36.000 communes de France, le cultivateur paiera, pour le même revenu, un impôt trois fois supérieur à celui d'un commerçant et dix fois supérieur à celui supporté par les fonctionnaires. » — A la différence du capital anonyme qui, lui, peut se cacher, la terre s'étale loyalement au soleil. Il est donc équitable d'établir pour elle une compensation. — La famille rurale héréditaire est un organe de vie et de durée pour la nation. Le législateur a le devoir de la protéger.

que l'ancien tarif en vigueur, lorsque le principe de la proportionnalité de l'impôt était respecté. »

Oui, elle a le droit d'avoir, dans l'État, une situation privilégiée, cette famille qui a le très grand honneur de détenir une parcelle du sol de la France, de ce sol qui est devenu doublement sacré, depuis qu'il a été arrosé du sang de tant de héros, tombés face à l'ennemi.

Elle est plus que jamais, cette famille, l'ossature de la nation. Elle est la substance même de la patrie. Si vous voulez qu'elle renaisse après la guerre, qu'elle redevienne ce qu'elle a été, aux meilleurs jours de notre histoire, un réservoir d'hommes, une pépinière de bons soldats, donnez-lui les moyens de se reconstituer et surtout de durer, car durer, pour elle, tout est là.

Quand le père saura que son domaine, fruit de l'épargne et du labeur, ne sera plus exposé, après sa mort, à devenir la proie du fisc ou celle des spéculateurs et des hommes de loi [1], quand il aura la certitude que son bien ne sera plus partagé, il travaillera avec plus de confiance et ne songera pas à pra-

---

1. Une tentative intéressante a été faite en ce sens, par la loi sur le bien de famille, dont l'application n'a pas donné malheureusement les résultats espérés. L'échec indéniable de cette tentative doit être attribué à plusieurs causes. Timide essai de réforme, la loi sur le bien de famille était une anomalie dans une législation imprégnée de principes tout contraires. Elle eût été mieux comprise, si elle avait été accompagnée d'autres mesures telles que l'abrogation de l'article 815 et la proclamation du principe de la Liberté de tester. Par ailleurs, les formalités étaient beaucoup trop compliquées. L'hostilité des hommes de loi, qui tirent de si beaux bénéfices du partage forcé, a fait le reste.

tiquer le honteux calcul de la restriction de la natalité.

Alcoolisme, dépopulation, lutte des classes, tous ces fléaux auxquels on cherche à parer par des remèdes d'une efficacité douteuse, seraient conjurés, ou du moins, pourraient être combattus avec succès si la famille, en France, retrouvait sa législation normale.

Pour cela, multiplions, à tous les degrés de l'échelle sociale, les foyers héréditaires.

Autorité, tradition, hérédité, indissolubilité du lien conjugal, respect du père, culte rendu au Créateur, ne sont-ce pas autant d'éléments de cette civilisation morale, au moins aussi précieuse que l'autre, que nous avons eu le tort d'oublier éblouis que nous étions par les progrès de la civilisation matérielle, laquelle n'exclut nullement la barbarie scientifique, nous le savons de reste, depuis que nous avons vu à l'œuvre les hordes allemandes dressées dans le royaume de la Raison pure, à l'école des Fichte, des Kant, des Hegel, des Nietzsche et autres demi-dieux de la libre pensée.

En dépit des apparences, jamais l'occasion n'aura été plus favorable pour opérer en France, après la guerre, les réformes dont elle a besoin.

Un brillant écrivain en faisait naguère la remarque :

« La mobilisation des idées est ardente et générale. Elle bouillonne dans l'immense cuve, creusée par les morts. Des millions d'hommes, aujourd'hui, examinent leur conscience personnelle et la conscience nationale ; ils font l'inventaire des théories de la veille, afin d'y chercher les éléments des directions de demain.

« Sous le terrible pressoir, il ne jaillit pas que du sang et des larmes : il s'épanche un flot de pensées. Nos âmes, tordues comme un linge mouillé, expriment des vérités qu'elles ne connaissaient point. »

« Ce déchaînement de forces meutrières enfante de la vie [1]. »

Est-il, pour un patriote, vision plus angoissante que celle du sol de la France, après qu'il aura été racheté par le sang de ses fils, devenant un objet de spéculation et de lucre pour des agioteurs sans scrupule, appartenant au monde de la finance cosmopolite qui, elle, n'a pas de patrie ?

Force est bien de nous rendre à l'évidence, le travail est déjà commencé.

Que l'impôt progressif sur les successions, aux tarifs actuels, joue seulement pendant dix ans, et les opérations fructueuses de *la bande noire* ne se compteront plus.

Dans le même ordre d'idées, n'avons-nous pas un devoir à remplir vis-à-vis de nos morts, celui d'empêcher que le fisc ne s'enrichisse de leurs dépouilles et que ce foyer héréditaire, cette maison paternelle vers laquelle se sont tournés leur dernier regard et leur dernière pensée, ne soient vendus « au plus offrant et dernier enchérisseur » au préjudice de leur veuve et de leurs enfants orphelins [2]... ?

Un jurisconsulte anonyme, analysant cette situation

---

1. François Veuillot, *La mobilisation des idées*, à propos de l'œuvre de Mgr Baudrillart : *La propagande catholique dans les pays neutres.*

2. Voir note VII.

dans l'*Action française* à la date du 19 novembre 1914,
écrivait :

« Un père de famille est tombé sur le champ de
bataille ; quelques-uns de ses enfants sont encore
mineurs. Il suffit du caprice d'un héritier, de l'obstination d'un conseil de famille, pour que la maison et
le champ soient licités, exposés aux enchères publiques. Quels frais ! Pour les très petits héritages, ils
vont jusqu'à 60, 80 même 100 %. Ce n'est pas seulement le fisc, ce sont les hommes de loi qui dévorent
la substance des orphelins et des veuves. Pour les immeubles les plus importants, c'est toujours une exaction ruineuse.

« Quelques efforts ont été faits, depuis une trentaine d'années, pour diminuer cette déperdition de
l'héritage qui se renouvelle automatiquement à
chaque décès ; la réforme essayée n'a donné que des
résultats insignifiants, et les statistiques du ministère
de la Justice montrent qu'il est souvent ruineux
d'hériter. Est-ce là ce que nous allons voir se reproduire à l'ouverture de ces successions deux fois
sacrées ? Les hommes de loi vont-ils se refaire, avec
les lambeaux de propriété laissés par ceux qui ont défendu le sol de la France contre l'invasion allemande !
C'est par centaines de millions qu'il faudrait compter
les capitaux exploités et par dizaine de mille les héritiers de nos héros réduits à la misère.

« En Angleterre, un tel fléau est inconnu, l'héritage
est recueilli par un seul qui pourvoit en retour (d'une
manière ou de l'autre), à la subsistance et à l'avenir
des cadets. Mais avec le partage égal, sans atténuation

d'aucune sorte, qui est la base de notre droit successoral, et avec l'axiome rigoureux du Code civil que nul n'est tenu de rester dans l'indivision, nous sommes en face d'un VÉRITABLE ABIME : CE QUI N'AURA PAS ÉTÉ DÉVORÉ PAR LA MITRAILLE ET L'INCENDIE LE SERA PAR LA LÉGALITÉ.

« Ce qu'il faudrait d'abord, c'est abolir l'article 815, ou du moins en suspendre l'application pendant une quinzaine d'années [1]. Ce qu'il faudrait en outre, c'est autoriser le partage amiable, alors même qu'il y a des héritiers mineurs ou absents. Les absents, les disparus ne seront-ils pas en nombre incalculable après la guerre ?

« Je ne proposerai pas — car on dresserait aussitôt devant nous le spectre de la féodalité — le rétablissement du droit d'aînesse. Je demanderai seulement qu'on introduise dans notre législation, sous le coup des nécessités actuelles, quelques dispositions analogues à celles de la loi du 12 avril 1906 sur les habitations à bon marché.

« En vertu de l'article 8 de cette loi, le conjoint survivant ou n'importe quel ayant droit peut demander que l'indivision soit maintenue jusqu'à la majorité du plus jeune des héritiers. D'autre part, s'il y a lieu de partager, l'un quelconque des héritiers peut demander qu'il lui soit fait attribution de la maison sur estimation au moyen d'une procédure très simple et très rapide dont l'arbitrage est confié au juge de paix. La

---

1. Cette restriction nous paraît fâcheuse. L'abolition pure et simple serait bien préférable.

mise en vente publique est évitée, ainsi que les frais considérables qu'elle entraîne, et la maison du défunt reste dans la famille.

« Les dispositions de cette loi sont devenues lettre morte, ou à peu près, en raison de son caractère très spécial. Il faudrait les élargir et les appliquer de droit, à toute succession ouverte par le fait de la guerre, quelle qu'en soit d'ailleurs la consistance ; qu'il s'agisse de terres ou de bâtiments, que la succession soit minime ou opulente.

« La loi de 1906 n'est qu'une ébauche, d'ailleurs imparfaite, de législation familiale. Mais le principe en est infiniment supérieur à la barbarie savante du Code civil et du Code de procédure civile, et je doute qu'une occasion plus favorable se présente d'obtenir la réforme radicale de ces lois d'émiettement des fortunes privées que la Révolution et l'Empire nous ont léguées [1]. »

Commentant cette lettre, M. Maurras fit les réflexions suivantes :

« Tout Français doué d'esprit politique voudra tourner ses réflexions vers ces vérités tutélaires, aujourd'hui animées, colorées, rendues vivantes et sen-

---

[1]. Le gouvernement a donné une première satisfaction au sentiment public. S'inspirant de l'exemple des Anglais qui avaient voté une mesure semblable sur l'initiative de M. Lloyd George, M. Ribot a proposé et le Parlement a voté une loi portant exemption de tous droits de succession pour les veuves et les orphelins des Français tombés à l'ennemi. En Angleterre et en Russie l'exemption n'est pas limitée aux héritiers en ligne directe et au conjoint survivant. Sont dispensées de tous droits les successions des officiers et soldats morts sous les drapeaux, quels que soient leurs héritiers.

sibles par la nécessité première de « mettre à l'abri des corbeaux » ce que notre correspondant appelle « l'héritage des morts glorieux ». Ainsi les sentiments d'une noble amitié reconnaissante pour les défenseurs du pays tombés au champ d'honneur servira et militera pour la France future, pour ces foyers, pour ces berceaux « deux fois sacrés » qu'il s'agira de défendre ou de relever.

« Ce qu'il y a de vif et de concret dans les principes nationalistes de l'hérédité apparaît ainsi peu à peu dans nos heures cruelles. Ces familles misérablement morcelées, ces héritages cruellement rançonnés par les lois de démocratie plébiscitaire et parlementaire, plus que jamais dans ces derniers quinze ans (*le Temps* d'hier soir l'avouait), les successions et les foyers sont enfin reconnus pour les deux colonnes de la patrie. Nos Français vivants, les meilleurs, les soldats, on les voit, hélas ! se dresser et tomber dans une minute glorieuse mais éphémère. Si, à première vue, au delà d'eux, il subsiste une France durable, c'est par la chaîne de l'esprit et du sang que leurs familles se développent. Il n'y a point de France sans la continuité des familles françaises. Mais la famille ne se soutient, ne se maintient et ne se défend que par le foyer légué et par le foyer hérité.

« Une œuvre de restauration domestique s'imposera donc sous l'influence de la guerre.

« Il y a des lois à refaire, des lois à corriger, des lois à abolir. Les faits présents ont des clartés qui suffisent à faire voir que de ces réformes dépendent notre vie ou notre mort, en tant que *nation*. Si l'on veut qu'au bout de quelque temps il ne naisse plus de Français, il n'y a qu'à laisser agir les lois « hache-menu » de la Démocratie [1] ».

Je vous laisse sous l'impression de ces paroles, Messieurs. Puissent-elles éclairer les hommes qui auront, après la guerre, la lourde tâche de panser les blessures de notre chère patrie !

Qu'ils acceptent l'évidence des faits. Qu'ils se soumettent, par patriotisme, aux leçons de l'expérience.

Quand il s'agira de reviser la législation fiscale des successions, qu'ils ne se laissent pas influencer par de prétendues impossibilités tirées des nécessités budgétaires [2].

Avant tout, ils doivent vouloir que la France vive.

Or. c'est de vie ou de mort qu'il s'agit pour la France.

Un pays, où les pères n'auraient pas la possibilité

1. Dans un autre article, M. Maurras dit encore : « Il faut remarier la race au sol. Il faut attirer les capitaux mobiliers à la terre. » Rien de plus exact. La France est une nation essentiellement agricole, son avenir est aux champs. C'est par l'agriculture que s'opérera la rénovation économique du Pays. Pour cela, qu'on donne aux cultivateurs, aux propriétaires fonciers, de longues perspectives de sécurité. Qu'ils soient assurés du lendemain !

2. L'auteur de l'article du *Correspondant*, que j'ai cité, M. Falck, reconnaît que *les taxes successorales constituent un appoint intéressant (!) pour le budget, mais que d'ailleurs elles ne diminueront pas de beaucoup le chiffre de l'emprunt nécessaire de liquidation*. Qu'on n'invoque donc pas, à propos de ces impôts dont nous avons signalé le caractère malfaisant, le mot trop célèbre du chancelier de l'Empire allemand cherchant une excuse à la violation de la neutralité de la Belgique : *Nécessité ne connaît pas de loi*.

de transmettre à leurs enfants la terre qu'ils ont reçue de leurs aïeux, ne serait plus une patrie.

Quelques objections lui ayant été faites sur divers points de son rapport, M. Mascarel y a répondu en ces termes :

Quand j'ai parlé de dénationalisation possible d'une partie du sol français, au moyen de sociétés anonymes fondées par des étrangers, ai-je voulu dire que les territoires ainsi occupés devenaient *ipso facto* des dépendances d'un État étranger ? Cela serait évidemment exagéré. Mais n'est-ce pas déjà trop que les revenus de notre sol aillent enrichir des capitalistes de nationalité étrangère ? Voici, par exemple, une société anonyme bien connue, *la Maggi*, qui avait entrepris d'accaparer l'industrie laitière en France. Disposant de capitaux énormes, elle pouvait défier toute concurrence. Son Conseil d'administration était français, mais elle avait des bureaux en Suisse et à Berlin. Vérification faite, il fut établi que 95 0/0 de ses actions étaient possédées par des Allemands. Pour faciliter ses opérations, elle avait acquis de nombreux immeubles en France. Je laisse de côté le soupçon d'espionnage. N'est-ce pas inquiétant, quand même, de voir une société fonctionner chez nous, dans de telles conditions ?

Pour plus amples explications, je ne puis que renvoyer au livre l'*Avant-guerre*. L'enquête conduite avec tant d'énergie par Léon Daudet s'enrichit chaque jour de faits nouveaux.

On se préoccupe d'organiser la défense économique d'*après-guerre* et l'on a raison. Une conférence internationale va se réunir à Paris dans ce but [1]. On y arrêtera les mesures nécessaires.

Je ne me place pas au point de vue économique, je me place au point de vue *national* et je dis : « Qu'allez-vous faire pour défendre le sol de la patrie contre l'emprise étrangère ? — Si vous êtes bien inspirés, vous regarderez du côté de nos lois successorales et, aussi, du côté de nos lois fiscales ; les unes et les autres ont des répercussions sur le régime du sol. »

Aucune nation ne doit se désintéresser du régime de son sol, car c'est par là qu'elle existe, en tant que nation. L'ancien régime l'avait compris, lorsqu'il avait organisé le droit d'aubaine, pour les successions laissées en France par des étrangers. Le sol de la patrie, mais c'est la patrie elle-même. Tous les autres intérêts doivent céder devant celui-là.

Ici je rencontre l'objection tirée des nécessités du budget. L'État, après la guerre, va se trouver en présence de charges financières écrasantes. Il lui faudra

1. La conférence, à laquelle ont pris part les représentants des gouvernements alliés, s'est tenue les 14, 15, 16 et 17 juin 1916. Elle a adopté la résolution suivante : « Les Alliés se déclarent d'accord pour conserver pour les pays alliés, avant tous autres, leurs *ressources naturelles* pendant toute la période de restauration commerciale, industrielle, *agricole* et maritime et, à cet effet, ils s'engagent à établir des arrangements spéciaux qui faciliteraient l'échange de ces ressources. »

se procurer des ressources *par tous les moyens*. Nous aurions mauvaise grâce à les lui marchander. Nous ferions figure de mauvais citoyens.

Cette objection, je m'attendais à ce qu'elle fût faite. Au fond, M. du Maroussem est convaincu, comme moi, de l'inconvénient de trop pressurer les héritages, puisqu'on risque ainsi d'anéantir une chose à laquelle il tient autant que moi — je veux dire le lien sacré qui unit les générations les unes aux autres. Il s'y résigne cependant, et il s'attend à ce que les droits de succession soient encore alourdis [1].

J'avoue que je ne saurais me résigner à cette perspective. J'aperçois trop clairement le dommage immense qui en résulterait pour mon pays.

Nous sommes tous d'accord sur ce point, n'est-il pas vrai, que, pour que la France se relève, il faut que la famille y soit libre, active et féconde ! (*Applaudissements.*)

---

1. Sa prédiction s'est réalisée. Dans la séance du 22 décembre 1917, la Chambre a voté toute une série d'articles élevant la taxe sur les successions. Renchérissant sur le projet du gouvernement elle a adopté une échelle de taxes partant de 2 0/0 et s'élevant jusqu'à 24 0/0. Certains députés voulaient l'exonération totale des toutes petites successions, celles de 1.000 à 2.000 francs. Les socialistes s'y sont opposés, et l'un d'eux, M. Jean Bon, a fait cette déclaration

« La doctrine socialiste n'admet pas que des citoyens soient dispensés de participer aux charges de l'Etat. Nous ne reconnaissons comme revenu légitime que le revenu du travail. Toutes les ressources venues à un particulier par droit de succession ou d'aubaine, si nous ne demandons pas aujourd'hui de les remettre à l'Etat, c'est parce que nous ne sommes pas les plus forts. Quand nous le serons, toutes les successions, même de 1 à 2.000 francs viendront dans ce Trésor collectif. » (*Applaudissements à l'extrême gauche.*)

Alors, ne brisez pas le cadre qui la conserve ! N'enlevez pas à ce père la consolation de penser que le domaine qu'il aura embelli et amélioré pendant sa vie passera intact, après sa mort, à l'un de ses fils ou à un héritier de son choix !

Savez-vous le plus grand danger qui pourrait résulter de nos lois fiscales et successorales démesurément aggravées ? Ce serait que le paysan se dégoûtât de la terre. Ce serait qu'il prît l'habitude de confier son épargne aux établissements de crédit, qui la disperseraient aux quatre coins du monde, sous la forme de papiers multicolores, « d'une réalisation facile ».

Par suite, l'exode des campagnes vers les villes redoublerait d'intensité. Alors les sociétés anonymes se multiplieraient, organisant tant bien que mal l'exploitation du sol, plutôt mal que bien, sauf à s'en dégoûter à leur tour et à convertir les terres en bois et en territoires de chasse, réservant seulement les châteaux patrimoniaux pour y loger des bandes de joyeux viveurs habitués à faire la fête, à l'aide d'argent gagné sans effort à la Bourse.

Ce serait la dissolution de la France ! En perdant son caractère de nation essentiellement agricole, la France perdrait l'une de ses principales supériorités.

Écartons cette perspective, je le veux bien, mais alors, soyons conséquents avec nous-mêmes et réagissons énergiquement contre des principes faux, dont le développement logique ne peut aboutir qu'à un désastre.

Le principe faux, dont je constate l'existence, à la base de notre système fiscal des successions, est celui-ci : tout bien laissé par un défunt est considéré comme *res nullius*. L'État s'en empare en vertu d'une sorte de droit régalien renouvelé de Louis XIV et il en dispose ensuite comme il lui plaît. Ce qu'il laisse aux héritiers est une pure libéralité de sa part. Il pourrait prendre la totalité de la succession s'il jugeait que cela lui fût profitable. Nul n'aurait à y redire.

Prenez les discours des orateurs de gauche qui sont intervenus dans la discussion de ces lois, vous reconnaîtrez que leur pensée était bien telle que je viens de la définir. Pas un instant ces orateurs ne se sont posé cette question : « Avons-nous le droit de faire ce que nous faisons ? Avons-nous le droit de dépouiller ainsi un propriétaire de la faculté de disposer de son bien ? Avons-nous le droit de réduire à rien ou à presque rien cette institution vénérable que toutes les grandes civilisations ont honorée : le testament ? »

Le malentendu ne cessera que le jour où l'on aura inscrit, au frontispice de notre Constitution, cette maxime proclamée jadis par l'Assemblée constituante :

« La propriété est inviolable et sacrée. »

Et cette autre maxime, corollaire de la première :

« Celui qui possède légitimement une chose a le droit de la transmettre. »

Propriété stable, hérédité, deux assises fondamentales de la civilisation chez les races sédentaires comme la nôtre, qui occupent un sol entièrement défriché. Comment avons-nous pu l'oublier ?

Je voudrais finir par une parole d'espérance.

Je reconnais que, par suite du développement de l'idée socialiste en France, avant la guerre, tout était à craindre. Mais ne peut-on pas légitimement espérer que ceux qui s'étaient le plus passionnés pour les théories marxistes ne reviendront pas des tranchées tels qu'ils y sont entrés [1] ?

Ils ont vu s'évanouir leur rêve humanitaire à la lueur sanglante des batailles. Ils ont constaté l'inanité de la prétendue solidarité internationale des travailleurs qui devait empêcher la guerre d'éclater. Leur reste-t-il encore beaucoup d'efforts à faire pour découvrir cette vérité de première grandeur, que l'humanité ne se divise pas en riches et pauvres, mais en nations, et que ces nations forment des patries ; que le plus grand bien de l'homme ici-bas est d'avoir une patrie. Donc, ne rien faire qui puisse affaiblir la puissance économique de la nation, condition indispensable de sa puissance militaire. Se défier de l'esprit d'utopie, renoncer aux dangereuses expériences.

Si l'on profitait de cette nouvelle disposition d'esprit de la classe ouvrière pour lui donner la propriété corporative [2], qui, en lui fournissant un moyen parfai-

1. Voir note VI.

2. Le principe de la propriété corporative a été adopté au Sénat les 21 et 22 juin 1917, sur le rapport de M. Chéron, à la suite d'une discussion à laquelle prirent part MM. de Lamarzelle. Touron, de Las Cases, etc.

A la surprise générale, la doctrine si souvent et si vainement exposée à la tribune par M. de Mun et ses amis, triompha, cette

tement légitime d'améliorer son sort, la délivrerait
de la hantise du salaire indéfiniment accru, conception qui se heurte, nous le savons tous, à la nature
des choses — la nature des choses, *ultima ratio* des
peuples et des rois — nous aurions cette immense
satisfaction de constater que les Français ont retrou-
vé le chemin de la paix sociale. (*Applaudissements.*)

Alors toutes les questions qui se rattachent à la
propriété et à l'hérédité pourraient être aisément résolues. La France, qui a donné une preuve si merveil-
leuse de vitalité, par le renouveau des vertus guer-
rières, héritées des plus lointaines traditions de son
histoire, la France se relèverait, comme après 1870,
avec une rapidité qui ferait l'admiration du monde.
(*Applaudissements*).

fois, sans résistance, ce qui prouve qu'il ne faut jamais désespérer
de rien.

Si le vote de la Chambre confirme celui du Sénat, désormais,
les syndicats professionnels pourront recevoir, acquérir, posséder
des biens, meubles et immeubles, sans autorisation.

C'est une immense réforme, qui en annonce peut-être beaucoup
d'autres, un premier pas fait dans une voie qui pourra conduire
notre société battue par la tempête de la lutte des classes, au
port...

ANNEXES

ANNEXE I

DES ABUS AUXQUELS DONNE LIEU L'APPLICATION DES
DROITS DE SUCCESSION. COMME QUOI IL EST AVANTA-
GEUX PARFOIS DE NE PAS HÉRITER.

M. Caziot, auteur de l'excellent ouvrage : *la Valeur de la
Terre en France* [1], expose avec une netteté parfaite les abus
vraiment scandaleux auxquels donne lieu l'application des
droits de succession.

« Alors que les valeurs de Bourse, dit-il, sont taxées d'a-
près leur cours moyen au moment du décès, c'est à-dire
d'après leur *valeur réelle*, les immeubles sont taxés d'après
une *valeur théorique*, déterminée par le fisc d'après une *capitalisation fixe*. Pour les immeubles ruraux, cette valeur
s'obtient en multipliant le *revenu brut par 25*, c'est-à-dire en
capitalisant par 4 0/0 ce revenu brut. Cette méthode con-
duit à des injustices criantes et à des taxations dont l'exagération est d'une effarante absurdité. »

« Au moment où cette méthode de taxation fut établie, la
propriété rurale se capitalisait entre 2 et 3 0/0 du revenu
net, c'est-à-dire entre 2, 5 et 3, 5 0/0 du revenu brut. La
valeur fiscale était donc à ce moment toujours au-dessous de
la *valeur réelle*, et la propriété rurale était plutôt favorable-
ment traitée.

Aujourd'hui, sauf dans quelques régions privilégiées
comme la Bretagne, c'est l'inverse qui se produit. La capitalisation courante tend vers 4 0/0 du revenu net, c'est-à-dire

---

1. 1 vol. in-12. Librairie Baillière, 1914.

vers 4,75 et 5 0/0 de *revenu brut*. Il s'ensuit que le fisc majore arbitrairement de 20 0/0 au moins la valeur des immeubles, pour l'application des taxes successorales.

Une propriété louée 4.800 francs (revenu brut) vaudra réellement à 4,80 0/0 (taux brut) 100.000 francs ; finalement à 4 0/0 (taxe fiscale), 120.000 francs, et ces *20.000 francs inexistants* paieront les droits (des droits qui peuvent aller jusqu'à 29 0/0). Et si la capitalisation s'élève à 6, 7 ou 8 0/0. ce qui est moins rare qu'on pourrait le croire, l'arbitraire fiscal devient une véritable spoliation.

QUELQUES FAITS. — Une ferme de 116 hectares, située à 3 kilomètres de Dijon, louée 6.500 francs, s'est vendue cette année (1913), après plusieurs baisses de mise à prix : 80.100 francs. Sa *valeur actuelle est donc bien 80.100 francs.* Si le propriétaire venait à mourir, le fisc n'en fixerait pas moins cette valeur à 162.500 francs, c'est-à-dire *qu'il doublerait la valeur réelle.* Et si l'héritier était un parent au delà du quatrième degré, il paierait 21 0/0 sur 162.500 fr., soit 34.125 francs ou 43 0/0 de la valeur réelle. N'est-ce pas une véritable spoliation ?

Et qu'on ne croie pas qu'il s'agisse d'un fait accidentel : nous pourrions en citer dix, vingt, cent identiques. Il y a quelques années, une grande propriété du pays de Caux échut en héritage à des étrangers à cette région : elle était constituée par plusieurs fermes louées à prix d'argent, 16 000 francs environ, et elle était grevée d'un passif hypothécaire de 300.000 francs. Comme il s'agissait de fermes de bonne qualité, les héritiers acceptèrent néanmoins la succession, espérant bien toucher néanmoins 50.000 à 60.000 francs. Ces propriétés furent vendues à la barre du tribunal de Dieppe ; elles produisirent 250.000 francs, et non seulement es héritiers ne touchèrent pas un centime, mais les créanciers hypothécaires perdirent 50.000 francs. On pourrait peut-être croire que l'histoire s'arrête là et que véritablement le fisc ne pouvait rien réclamer là où il n'y avait rien. Erreur profonde. Pour le fisc, ces *immeubles vendus 250 000 francs avec toute la publicité désirable* valaient néanmoins 400.000 francs (16.000 francs de revenu à 4 0/0), et comme le passif n'était que de 300.000 francs, les héritiers durent payer les droits de succession sur un excédent d'actif de 100.000 francs. On leur réclama donc plus de 12.000 francs de droits !

Dans un discours prononcé le 11 août 1912, au concours agricole de Remiremont, M. Méline faisait ressortir l'étrangeté de cette situation.

« Si encore le fisc ne prenait que le loyer pour base de son évaluation, mais son ingéniosité pousse le raffinement plus loin ; il a imaginé d'ajouter au loyer et de multiplier par 25, quoi ?... *Les impôts qui grèvent la terre* et qui par conséquent en diminuent la valeur. En prestidigitateur incomparable, il multiplie une perte pour en faire un bénéfice.

« Mon honorable collègue M. Fortin a porté à la tribune du Sénat un fait particulier qui permet de juger la valeur du système. Dans une petite ville de son département, la municipalité avait fait un emprunt de 100.000 francs, et, afin de couvrir son emprunt, elle avait voté un certain nombre de centimes qui avaient augmenté de 300 francs les impôts payés par une exploitation agricole de la banlieue qui ne profitait en rien de l'adduction d'eau. Le lendemain, le propriétaire de l'exploitation mourait, et le receveur de l'enregistrement expliquait gravement à ses héritiers que la propriété payant 300 francs d'impôts de plus avait augmenté de valeur de 7.500 francs, sur lesquels ils étaient invités à acquitter les droits......

« Mais les fantaisies du fisc ne s'arrêtent pas là. L'estimation arbitraire dont nous venons de parler n'étant après tout qu'une appréciation hypothétique de la valeur des immeubles, il semble bien qu'elle devrait s'effacer toutes les fois qu'après le décès, dans les six mois accordés aux héritiers pour le paiement des droits, les immeubles sont vendus à la barre du tribunal. . Il n'en est rien. M. Fortin a démontré que, pour les campagnes, l'administration arrivait par cet ingénieux système à élever les droits sur les successions jusqu'à 60 0/0 de la valeur. Sa première enquête avait porté sur quarante et un immeubles pris au hasard et vendus après succession. Le fisc avait estimé ces immeubles 1.200.000 francs, alors que leur vente par adjudication publique n'avait produit que 585.000 francs. Il avait en conséquence fait payer aux héritiers des droits de succession sur 615.000 francs, qu'ils n'avaient pas touchés... Il a même découvert que, pour une pauvre petite succession de 1 hect. 76 ares estimée 5.600 francs (pour le fisc), les héritiers avaient dû payer 625 francs de droits, alors que l'immeuble vendu n'avait produit que 225 francs, en sorte qu'ils avaient sorti de leur poche 400 francs pour avoir eu le malheur d'hériter.

D'une enquête faite par M. Fortin auprès des notaires de la Seine-Inférieure, il résulte que, pour 1.163 adjudications, le total des prix de vente ne représentait que 12 millions environ, alors que les évaluations du fisc sur lesquelles les droits avaient été perçus s'élevaient au chiffre fantastique de 21 millions... »

Dans une étude publiée dans *la Revue politique et parlementaire* (juillet 1910), un de nos collègues, M. René Saulnier, cite des faits analogues, mais se rapportant plus particulièrement à la propriété bâtie.

« Au point de vue national, conclut M. Caziot, la terre est la richesse la plus intéressante, et cependant il semble que l'on se soit acharné à rendre sa situation fiscale d'année en année plus lamentable et sa possession plus incommode. Elle porte tout le poids d'une législation byzantine et d'une fiscalité sans mesure. Est-il donc étonnant que beaucoup de

capitalistes s'en détournent? L'atavisme terrien qui domine
encore tous les ruraux et même beaucoup d'habitants des
villes y ramène malgré tout des acquéreurs. Mais, dans un
pays neuf, une pareille situation aurait promptement anéanti
la valeur des immeubles ruraux » [1].

Nous le demandons à tous les hommes de bon sens et de
bonne foi. N'est-il pas urgent de remanier une législation
qui prête à de pareils abus ?

1. Caziot : *la Valeur de la terre en France*, p. 52 et suiv.

ANNEXE II

Le même auteur expose ainsi qu'il suit l'inégalité de charges fiscales qui grèvent la terre et les valeurs mobilières.

« La propriété rurale est beaucoup plus lourdement chargée d'impôts que les valeurs mobilières. D'après l'évaluation qui vient d'être publiée par le Ministère des finances (1913), la propriété foncière paie, pour un revenu brut de 2.057 millions, une contribution foncière de 273 millions (en principal de centimes additionnels), soit 13, 28 0/0, mais la répartition est fort inégale ; elle descend exceptionnellement à 2 et 3 0/0, et elle s'élève dans certaines régions surimposées à 30, 40 et 50 0/0. Pour les propriétés boisées notamment, il arrive *que l'impôt absorbe intégralement et dépasse même le revenu.* Le propriétaire n'est plus alors qu'un nu-propriétaire, et c'est l'Etat qui perçoit, en fait, les revenus [1].

Les départements agricoles les moins imposés sont : Allier (8,97 0/0), Finistère (8,20 0/0), Ille-et-Vilaine (9,02 0/0), Landes (7,40 0/0), Loire-Inférieure (8,31 0/0), Mayenne (8,79 0/0), Basses Pyrénées (7,93 0/0), Vendée (7,88 0/0).

Les plus imposés sont : Basses et Hautes-Alpes (24,02 et 24,82 0/0), Charente (21,62 0/0), Yonne (20,37 0/0), Dordogne (20,87 0/0), Aube (19,44 0/0).

Les valeurs mobilières paient 4 0/0 de leur revenu [2] ; les

1. A partir du 1er janvier 1915, l'impôt (part de l'Etat) doit être transformé en une taxe de 4 °/o sur les 4/5 de la valeur locative. Cette transformation doit réduire l'ensemble des charges de 1,5 environ, soit à 11 °/o.

2. Depuis que M. Caziot a publié son livre, l'impôt a été élevé à 5 °/o.

valeurs au porteur sont frappées, en outre, d'un impôt de 0,30 0/0 sur le capital d'après le cours moyen de l'année. Une obligation de 500 francs 4 0/0 se négociant au pair, paiera donc 2 fr. 30, soit une charge totale de 11 0/0. Mais il est aisé de s'exonérer de la taxe de transmission (de 0,30 0/0) en faisant transformer les valeurs au porteur en valeurs nominatives qui paient seulement 4 0,0.

On peut donc conclure que la propriété rurale, qui paie 13 0/0 [1], est *trois fois plus chargée* que la propriété mobilière qui paie 4 0/0 [2]. *(La valeur de la terre en France,* p. 52).

La loi de finances de 1918 a introduit dans le régime fiscal des successions de nouveaux droits dont voici l'analyse :

« 1° *Sauf pour les parts successorales inférieures à 2.000 francs dans tous les cas, et pour les parts inférieures à 10.000 francs dans le cas où le total de la succession ne dépasse pas 25.000 francs, les droits de succession sont augmentés sensiblement.*

Exemple : Les droits pour les descendants au premier degré qui étaient de 2,50 0/0 pour une part successorale de 100.000 francs sont portés à 4 0/0.

« Pour une même part, les droits entre époux seront de 8 0/0 ; entre frères et sœurs, 13 0/0 ; entre parents au delà du quatrième degré ou entre personnes, non parentées 28 0/0 ;

« Autres exemples : pour un capital net et global de 2.000 francs, la taxe sera de 0.25 0/0 s'il y a trois enfants, de 0, 50 0/0 s'il y en a deux ; de 1 0/0 s'il n'y en a qu'un

1. A partir de 1915 : 11 °/₀.
2. 5 °/₀.

et de 2 0/0 s'il n'y en a pas. Pour un capital supérieur à 50 millions, elle sera, dans les mêmes conditions, de 3 0/0, 6 0/0, 12 0/0 et 24 0/0.

« 2° *Dégrèvement en faveur des familles nombreuses.*

« Si l'héritier ou le légataire a au moins quatre enfants vivants au jour de l'ouverture de la succession, les droits nouveaux sont diminués de 10 0/0 sans que la déduction totale puisse excéder 50 0/0.

« 3° *Aggravation des droits pour les familles peu nombreuses.*

« Indépendamment des droits nouveaux, une taxe progressive est établie sur le capital net global de la succession, lorsque le défunt ne laisse pas au moins quatre enfants vivants ou représentés.

« EXEMPLE : Pour une succession de 100.000 francs la taxe est de 1 0/0 si le défunt laisse trois enfants ;

« De 2 0/0 si le défunt laisse deux enfants vivants :

« De 4 0/0 si le défunt laisse un enfant vivant ;

« De 8 0/0 si le défunt ne laisse pas d'enfant.

« *Pour l'application de ces nouveaux droits, tout enfant du défunt ou du donateur mort victime de la guerre ou disparu à l'ennemi, sera ajouté au nombre des enfants vivants ou représentés.*

« *Ajoutons que la nouvelle loi stipule qu'à l'expiration du délai de six mois après la cessation des hostilités, les parents collatéraux au delà du sixième degré ne pourront plus succéder, à l'exception, toutefois, des descendants des frères et sœurs du défunt.* »

Commentant cet acharnement du Parlement à frapper l'héritage, Charles Maurras fait les réflexions suivantes :

« Après avoir esquissé une résistance assez sérieuse, le Sénat a fini par céder.

M, Touron, sénateur de l'Aisne, a montré la folie qu'il y avait à frapper ainsi l'héritage. Sans doute, les morts ne crient pas, mais la vie fait la grève ! Les familles diminuent, les Français se raréfient. Il est fou de parler repopulation ou de gémir sur la diminution des naissances quand on s'acharne à faire peser tout l'appareil du fisc sur les successions : surtout en ce moment, surtout quand elles consistent en biens immobiliers, surtout en France, patrie d'élection des classes moyennes et des classes rurales, elles devraient être ménagées avec un soin jaloux. L'Etat devrait en être avare et en enseigner le respect. Or, c'est là qu'il pratique la même éternelle saignée !

« Une bande de malheureux croient faire là du socialisme. Nul individualisme, nul anarchisme, ne ruine plus parfaitement la société » (*Action française* du 1ᵉʳ janvier.)

ANNEXE III

On ne voit pas l'objection qui pourrait être faite, au nom de la justice fiscale, à une répartition plus égale des charges entre la terre et les valeurs mobilières. Envisagée par rapport aux droits de succession, la différence qui existe entre ces deux sortes de biens est d'autant plus sensible que les uns y échappent, tandis que les autres ne peuvent le faire. Examinant cette situation avec la clairvoyance d'un observateur scrupuleux et sans parti pris, M. Arthur Giraud, professeur d'économie politique à l'Université de Poitiers, auteur du très intéressant ouvrage : *la Politique fiscale de la France après la guerre* [1], fait les réflexions suivantes, auxquelles nous nous associons complètement :

« Les titres au porteur qui, sous la forme de taxe annuelle [2], supportent réellement le droit de mutation à titre onéreux, échappent le plus souvent, en fait, au droit de mutation à titre gratuit auquel ils sont légalement soumis. En cette matière, la fraude est énorme et courante. Dans les déclarations de succession, les titres au porteur sont presque toujours dissimulés en tout ou en partie. L'impôt n'est guère payé que par ceux qui ne peuvent s'y soustraire ; cela se produit surtout lorsque la succession est recueillie par des mineurs. Et ainsi, par une ironie singulière, ce sont précisément les contribuables qui mériteraient le plus de

---

1. 1 vol. in-18. Librairie du recueil Sirey, 1916.
2. 0,30 % depuis 1914.

ménagements qui se trouvent victimes de leur honnêteté forcée.

« Quant aux donations, elles ne comprennent, pour ainsi dire, jamais de titres au porteur ; il est si simple de les donner de la main à la main.

« Cette évasion fiscale étant impossible à empêcher, il serait beaucoup plus sage et plus avantageux de régulariser la situation. Pour cela, il suffirait d'élever notablement la taxe annuelle sur les titres au porteur en décidant qu'elle serait la représentation non seulement du droit de mutation à titre onéreux, *mais encore du droit de mutation à titre gratuit*. Les titres au porteur compris dans une donation ou dans une déclaration de succession ne donneraient lieu au paiement d'aucun droit ; ils figureraient simplement *pour mémoire*. Par contre, la taxe annuelle pourrait être portée à 0,50 0/0. Ainsi, personne n'aurait intérêt à frauder, et bien des injustices qui se commettent plus tard, quand on liquide les communautés, seraient évitées. »

Arrêtons-nous ici, la chose en vaut la peine. Il semble bien en effet que le distingué professeur d'économie politique à l'Université de Poitiers nous ait mis sur la voie de la solution, pour le problème que soulève la nécessité de concilier l'intérêt des familles avec les exigences fiscales en matière de succession. Pourquoi la terre qui, à l'instar du titre nominatif, ne saurait être dissimulée, ne jouirait-elle pas, comme ce titre, d'un régime de faveur au regard de l'impôt successoral ? Pourquoi le supplément de droits qu'elle paie, par rapport aux valeurs mobilières, du vivant de celui qui la possède, ne serait-il pas considéré comme *un abonnement* devant la dispenser, en tout ou en partie, de payer les droits exorbitants auxquels elle est soumise actuellement, quand s'ouvre la succession ? Ce qu'il faut éviter par-dessus tout, c'est l'ébranlement que cause aux familles la liquidation des héritages. Plus la transmission s'opérera sans secousse, plus l'avantage sera grand pour la nation qui est directement intéressée à la conservation des familles terriennes : nous croyons l'avoir suffisamment démontré. Dès lors, ne laissons pas échapper l'occasion de rentrer dans la vérité, en diminuant, au moins pour les familles terriennes, jusqu'à ce qu'il disparaisse tout à fait, cet impôt mal venu, antifamilial et antisocial, qu'est l'impôt progressif sur les successions [1]. Que l'on procède tout d'abord par gradation, en raison de nos nécessités financières *actuelles*, soit ; mais qu'on ne perde pas de vue le but à atteindre. Qu'on s'oriente résolument vers la suppression complète, quand les circonstances le permettront.

Il y a des lois de santé pour un peuple qu'il faut connaître. Il y a des pratiques maladroites qu'il faut proscrire, lorsqu'on a souci de sa destinée. Nul n'a le droit de se tromper indéfiniment.

---

1. Si nous sommes bien informé, il n'existait pas, en Prusse, jusqu'à ces derniers temps, de droit de succession en ligne directe. *Fas est ab hoste doceri.*

NOTES

NOTE I

DEUX COUTUMES DE LA CONSTITUTION ESSENTIELLE :
LA PROPRIÉTÉ. — L'HÉRÉDITÉ.

Il y a des principes de conservation sociale qui ne devraient jamais être remis en question. Ainsi la propriété. Ainsi l'hérédité. On rougit d'avoir à démontrer une vérité aussi évidente. Et pourtant cela est nécessaire tant le sens du juste et du vrai s'est émoussé, sous l'influence des tractations politiciennes, dans l'enceinte où se forgent les lois. D'autre part, le culte exagéré de la loi écrite à induit de bien bons esprits à ratifier de pernicieuses erreurs. Le Play dénonçait déjà, de son temps, les abus de l'esprit juridique. A force de raisonner sur les textes, les légistes en sont venus à oublier le droit naturel. A plus forte raison, l'autorité de la coutume n'existe pas pour eux. C'est ce qui faisait dire à Charles Maurras s'adressant à M. Léon Bérard, qui se demandait si l'on était bien autorisé, en l'absence d'un texte ou d'une manifestation écrite de la volonté du père décédé, à faire élever l'enfant dans la religion où il avait été baptisé.

« Est-ce qu'on fait parler le mort *ab intestat* quand le fils lui succède ? — Oui, mais il y a l'article écrit dans le code. — Et vous êtes assez jeune, Monsieur Léon Bérard, et vous seriez assez enfant pour vous figurer que c'est l'article du code qui investit le fils du bien de son père ? L'article reconnaît (c'est tout ce qu'il peut faire, le pauvre) ! il constate la vieille coutume immémoriale, le puissant préjugé immortel de nos sociétés de l'Occident civilisé. Qu'il en règle les mo-

dalités, c'est le bout du monde, et l'esprit juridique est seul
à en douter ! (*Action française*, du 25 juillet 1917.)

« Les démocraties se figurent que l'individu pousse tout
seul.

« On ne défend jamais si bien les individus que lorsqu'on
a fortifié la nation dont ils font partie. On ne leur rend
jamais de si précieux services qu'en leur composant une famille forte et une tradition continue. » (Id.)

Le lendemain 26 juillet, Maurras revient à la charge :

« La puissance matérielle est fille de l'appropriation et de
l'utilisation des forces terrestres : ôtez le point de départ
de biens déjà agglomérés qui permettent la production
d'autres biens, ce noyau des produits déjà constitués qui
servent à des productions nouvelles ; l'homme retombe dans
la misérable condition de primitif ou de décadent réduit à se
nourrir de racines ou de biens sauvages.

Il n'y a d'humanité réelle que dans la continuité de
l'effort humain et dans sa transmission de génération en
génération. Le plus grand bien de notre espèce est le passé,
toute anarchie qui le saccage commet contre elle le plus
barbare des crimes. »

NOTE II

LA FAMILLE ET L'HÉRÉDITÉ.

La famille suppose des générations successives. Ce n'est pas un être éphémère qui naît, se développe et disparaît. C'est un arbre qui plonge ses racines dans le passé et qui étend ses rameaux vers l'avenir. Elle a une place exceptionnelle dans le plan de la Création. Elle en est la partie maîtresse, l'œuvre capitale, puisque c'est par elle que l'humanité dure. La nation est une fédération de familles. Supposez la famille dissociée par le divorce, quel affaiblissement pour la nation, quelle perte pour la natalité ! Et si elle est dispersée à chaque génération par la liquidation périodique de son patrimoine, comment la cohésion se maintiendrait-elle entre ses membres? Comment accomplirait-elle l'une de ses fonctions principales qui est de transmettre les croyances et les traditions où s'alimentent, avec le patriotisme, les vertus de la race ? Or, l'un des éléments essentiels de la vie de la famille, c'est le foyer. Il lui faut, en effet, un cadre matériel pour se perpétuer. Le foyer héréditaire, bien précieux entre tous, gage de force et de prospérité pour les familles qui le possédent et qui, par là même, deviennent les meilleurs soutiens de l'Etat.

Telles sont quelques-unes des données les plus certaines de la science sociale sur cette question, qui ne saurait être abandonnée sans imprudence aux spéculations désordonnées des faiseurs de systèmes [1].

---

1. On a fait beaucoup de bruit, il y a une vingtaine d'années, autour de la découverte d'un nouveau type de famille : *la Famille*

Si cela était mieux connu et mieux compris, que de fausses manœuvres seraient évitées dans le Temple des lois !

Particulariste qu'on opposait à la Famille Souche, jugée trop arriérée pour s'adapter aux nouvelles conditions écouomiques des temps modernes. Vérification faite, il fut établi que cette conception provenait d'une généralisation hâtive, nullement scientifique, et que les conclusions de Le Play, touchant le caractère bienfaisant du foyer stable, chez les populations sédentaires, occupant un sol entièrement défriché, gardaient toute leur valeur. — En ce sens : *la Famille Souche,* selon Le Play, sa Raison d'être, son Avenir : 1 broch. in-8º, 36 p. Oudin, 1895. — *Le Foyer héréditaire,* 1 broch. in-18º, 36 p. Lamulle et Poisson, 1895. — — *La Famille et son Foyer,* rapport au vingt-troisième congrès des jurisconsultes catholiques tenu à Reims le 28 octobre 1908. *Revue catholique des Institutions et du Droit,* 1908. — *Une Renaissance de l'Individualisme.* Revue de squestions scientifiques de Bruxelles, 1 broch. in-8º de 35 pages. Louvain, 1898.

Contrà, Demolins : *A quoi tient la supériorité des Anglo-Saxons.*

NOTE III

L'IMPOT RÉTROACTIF SUR LES HÉRITAGES.

PRINCIPIIS OBSTA.

Il n'est jamais vain d'espérer le retour d'une nation aux lois éternelles qui conditionnent sa force et sa durée. Les préjugés les plus enracinés tombent, parfois soudainement, au contact de l'expérience. Qui sait les réflexions que provoquera parmi les peuples de l'Occident, le désastreux essai que le Soviet Russe vient de tenter des théories libertaires tellement répandues dans les milieux démocratiques ?

Si la notion des avantages sociaux et nationaux de l'héritage paraît avoir disparu presque entièrement de l'esprit de nos législateurs, les yeux de ceux qui n'ont pas perdu l'habitude de réfléchir ne s'ouvriront-ils pas, lorsqu'ils verront les conséquences que les novateurs entendent tirer de l'abolition des vieux principes.

Après l'impôt progressif, voici maintenant qu'on nous annonce un projet d'impôt rétroactif sur les héritages. A la date du 15 juin 1917, les journaux publiaient la note suivante :

M. Joseph Thierry, ministre des finances, vient de déposer un projet de loi qui crée une taxe successorale, du vivant de l'héritier. C'est, au fond, une taxe sur le capital.

Tout héritier ayant acquitté les droits de succession sur la part nette qui lui revient devra, en outre, jusqu'à sa mort, payer une taxe nouvelle de tant pour cent sur la valeur de cette part nette, *que celle-ci diminue, disparaisse ou s'accroisse*.

Ceci se passait sous le ministère de M. Ribot qui avait la réputation d'être hostile aux socialistes. Je me demande si, étant de connivence avec eux, il aurait pu faire pire.

Là-dessus le *Temps* s'indigne et dénonce les méfaits de « l'Etat vampire ».

Le *Temps* est-il bien sûr de n'avoir jamais, en soutenant certains modérés contre les critiques des hommes de droite, fait le jeu des destructeurs ?

Cet incident fournit à M. Henry Reverdy l'occasion de rappeler que « ce sont les religieux français et l'Eglise de France qui, les premiers, ont été attaqués dans leur droit de propriété par la loi contre les Congrégations et la loi de Séparation.

« Les lois de 1901 sur les Congrégations et celles de 1905 sur la Séparation des Eglises et de l'Etat, dit-il, ont introduit dans la législation le prétendu principe qu'il n'y a point de droit de propriété intangible en face de la volonté toute-puissante de l'Etat ; la loi de 1908 a jeté dans nos codes la thèse particulièrement dangereuse de la rétroactivité.

De tels ferments juridiques ne restent pas inactifs : tôt ou tard le virus gagne le corps social tout entier. L'histoire est là pour démontrer que les droits sont solidaires et que l'atteinte portée au droit des uns a sa répercussion impitoyable sur les droits de tous.

« Voici, en effet, que le nouveau projet sur les successions applique au patrimoine familial des citoyens le régime fiscal dont on s'est servi à l'égard des biens d'Eglise : confiscation et rétroactivité. » Toute personne, dit ce projet, qui *a bénéficié antérieurement* ou qui bénéficiera ultérieurement à la promulgation de la loi d'une succession, d'une donation ou d'un legs, devra payer une taxe annuelle de 0 fr. 030 % sur cette valeur, si celle-ci dépasse 2.000 francs... »

« A cette heure même, conclut M. Reverdy, où la France
s'aperçoit avec effroi du vide effrayant créé par la crise de la
natalité et par les hécatombes de la guerre, où le relèvement
national réclame le travail intense des bras les plus nombreux, le moment est particulièrement mal choisi pour frapper
la famille, et pour atteindre cette puissance de fécondité,
d'activité et d'épargne, qui réside dans l'hérédité. « Les ré-
gimes de succession, a dit Le Play, plus que les autres institutions civiles, ont le pouvoir de rendre fécondes ou stériles
la propriété et les familles de propriétaires. »

« On nous trouvera toujours prêts à accepter les charges
rendues nécessaires par la guerre ; mais plus lourdes sont
ces charges, moins elles doivent s'attaquer aux assises
même de la Société. »

(*La Vie et la Pensée catholiques. Libre Parole* de juillet
1917.)

NOTE IV

LE PÉRIL D'UNE DÉNATIONALISATION PARTIELLE DU SOL EST-IL A REDOUTER ?

Il l'est dans la mesure que j'ai indiquée : accaparement des produits de sol et du sous-sol par les industries qui s'y rattachent. Cela ressort avec évidence du simple fait que les saisies opérées pendant la guerre ont prouvé l'existence, en France, de douze mille maisons allemandes. (Voir l'ouvrage de Maurice Vallet avec introduction par le Marquis de Roux, *Répertoire de l'Avant-guerre*, 1 vol. in-8º. Nouvelle Librairie nationale, 1916)

Il est indéniable que, de 1900 à 1914, la France a été l'objet d'une vaste tentative de colonisation de la part de l'Allemagne. D'autres pays, à la vérité, étaient dans le même cas. Les Allemands le disaient couramment : « Nos vraies colonies sont la France, la Russie, l'Angleterre, l'Italie, l'Amérique, le Brésil, l'Argentine. » — (*J'accuse*, par un Allemand Lausanne, 1915, chap. 11.)

Qui pourrait affirmer que cette tentative de colonisation ne recommencera pas après la guerre ? On fera des lois contre la nationalisation des étrangers, on restreindra pour les étrangers la capacité de posséder des immeubles en France ; soit. Mais cela ne suffira pas si les étrangers ont la facilité de se dissimuler derrière des sociétés anonymes ayant des conseils d'administration composés de Français. Voilà pourquoi j'ai demandé que les actions des sociétés immobilières possédant des immeubles en France, fussent au nominatif [1]. Ainsi

---

1. L'urgence de défendre le marché financier contre l'infiltration allemande a inspiré à l'un de nos parlementaires les plus en

le contrôle sera rendu possible. Ainsi l'organisation du système d'espionnage révélé par Léon Daudet sera entravé.

On m'a objecté que la formation de sociétés anonymes pour l'exploitation de la terre n'était pas à craindre, l'expérience ayant démontré que ces sociétés fonctionnaient mal et ne procuraient que des déboires à leurs actionnaires.

Je réponds que le gain devant résulter de la mise en valeur rationnelle du sol peut n'être pas, ici, l'objectif unique. — Sans parler des points d'appui pour l'espionnage, toujours à craindre en vue d'une nouvelle guerre, il y a aussi le profit éventuel à tirer   du   commerce   des   biens,   la   spéculation effrénée qui ne manquera pas de se développer, lorsque d'innombrables domaines ruraux seront mis en vente, par suite de l'impossibilité où auront été leurs détenteurs de payer les droits de succession. Est-il d'une politique sage et prévoyante d'abandonner cette proie à la finance cosmopolite, au risque de briser les liens séculaires qui rattachent la race française au sol de la France, en substituant des acquéreurs de nationalité étrangère aux vieilles familles autochtones enracinées dans le pays depuis plusieurs générations ?

Est-ce trop demander que d'exiger que la France reste aux Français ! Après l'immense effort qui l'a sauvée de la conquête germanique, il est littéralement vrai de dire que chaque motte de terre de notre sol aura été payée d'une goutte du sang de France. Ne laissons pas mettre ce trésor aux enchères...

vue, M. Paul Bénazet, un projet de loi qui tend à découvrir les propriétaires réels des titres au porteur, derrière les propriétaires apparents, dans les Assemblées générales. C'est une idée analogue à la nôtre. Voir l'analyse du dispositif de ce projet dans le *Bulletin financier de l'Action française* du 25 novembre 1917.

NOTE V

LE SOCIAL DOMINE L'ÉCONOMIQUE. — PRODUIRE LA
PLUS GRANDE SOMME DE RICHESSE POSSIBLE N'EST
PAS LA FIN UNIQUE VERS LAQUELLE DOIVENT TENDRE
TOUTES LES ÉNERGIES D'UN PEUPLE.

C'est pour avoir méconnu cette vérité que l'Allemagne s'est précipitée dans la guerre. Grisée par ses succès en 1870 et enrichie brusquement par les milliards de notre rançon, cette nation de proie a développé son activité industrielle et commerciale dans des proportions telles, qu'elle est arrivée à manquer de débouchés pour satisfaire aux exigences de sa production, exigences concordant d'ailleurs avec un accroissement énorme de sa natalité. « Les faillites se multipliaient, l'état de la Bourse devenait inquiétant, la valeur du papier baissait, les chômeurs encombraient les rues de Berlin. Les gouvernants n'ont pas hésité ; confiants dans la supériorité de leur préparation militaire, ils se sont jetés sur leurs voisins pour vivre à leurs dépens. » (Henry Clément : « La Psychologie de la guerre », *Réforme sociale* du 16 mai 1916. — Charles Bonnefon : « Les causes économiques de la guerre, *Revue de Paris* du 15 janvier 1915.)

Joignez à cela une crise d'orgueil collectif, soigneusement entretenue par ses savants, ses philosophes, ses intellectuels, qui a fait concevoir au peuple germanique, tout entier incarné dans son kaiser, comme désirable et comme possible, la domination du monde.

Telle est l'explication du plus grand cataclysme qu'ait enregistré l'Histoire.

Ainsi se trouve justifié le mot profond de Le Play : « La richesse, la culture intellectuelle et la puissance, peuvent devenir trois maladies dangereuses des races qui se compliquent sans se perfectionner. »

Il est intéressant de noter que le grand historien italien Ferrero arrive à la même conclusion dans le bel ouvrage qu'il vient de publier : *La Guerre européenne*, in-12, Payot, éditeur.

« Pour quelle raison a-t-on tellement admiré l'Allemagne pendant les derniers vingt ans ? Parce que l'Allemagne était le pays de l'Europe où le prodigieux pullulement de la population se traduisait le plus rapidement en un développement vertigineux de l'industrie, du commerce et de la richesse...

« Un optimisme exalté avait réussi pendant le XVIIIe et le XIXe siècle, à convaincre l'humanité que la nature humaine, en elle-même, était bonne, que délivrée de toutes les entraves dont l'avait entourée la méfiance des lois et des religions, abandonnée à ses instincts, elle s'améliorerait continuellement et créerait autour d'elle, par une espèce de nécessité intérieure, le bonheur.

« Encouragée par les grands événements politiques de la fin du XVIIIe siècle, par les découvertes de la science, le développement de la grande industrie et l'augmentation de la richesse, notre époque a tiré de cette doctrine la grande idée qui domine aujourd'hui l'Europe et l'Amérique : l'idée du progrès. Le monde progresse et le principal devoir des peuples et des Etats est de le faire progresser le plus rapidement et dans la plus large mesure possible.

« Mais l'idée du progrès, tout en agissant avec une grande force sur les esprits, est restée toujours vague et imprécise. Notre époque n'aurait pu la définir avec précision qu'en partant d'une doctrine claire du bien et du mal. Un siècle comme le nôtre, qui a affaibli toutes les autorités politiques, religieuses, intellectuelles et morales, presque toutes,

qui a été sans cesse troublé par tant de luttes politiques,
religieuses, intellectuelles et économiques, presque toutes
restées inachevées, ne pouvait pas créer cette doctrine. La
France a fait de grands efforts, après la Révolution, pour
créer une théorie du progrès qui mettrait de l'ordre dans le
monde et donnerait le bonheur aux hommes... Elle n'a pas
réussi à tirer ce mot de la nuageuse imprécision dans laquelle
les hommes aimaient à l'adorer. Faute d'une doctrine plus
élevée et plus précise, l'Europe et l'Amérique ont fini, suivant la loi du moindre effort, par se contenter de la définition la plus simple, la plus facile et la plus grossière, d'une
définition purement quantitative, qui faisait considérer le
progrès dans l'accroissement de la richesse et dans le perfectionnement des machines qui la produisent.

« C'est cette idée purement quantitative du progrès qui a
dominé entièrement les esprits dans les derniers trente ans.
C'est cette idée qui a été la force et la ruine de l'Allemagne
en même temps qu'une des causes profondes de la catas-
trophe actuelle. » (*La Guerre européenne*, préface.)

On nous pardonnera la longueur de cette citation qui
montre le chemin parcouru par un honnête et puissant esprit
vers les doctrines de notre école. Répudiation du faux dogme
de la bonté originelle de l'homme, condamnation de la théorie du progrès indéfini s'exerçant dans l'ordre purement
matériel, aspiration à une doctrine claire du bien et du mal,
tout y est. Il ne manque que le nom de Décalogue.

NOTE VI

LE NIVELLEMENT DES FORTUNES.

Il devrait suffire d'un peu de bon sens pour répudier les chimères du collectivisme. Un écrivain qui a conquis d'emblée la notoriété par la franchise avec laquelle il a dévoilé le vide et le néant des plans de réforme qui ont pour but le nivellement des fortunes, Lysis, collaborateur occasionnel de *la Victoire* et auteur d'un ouvrage qui a fait beaucoup de bruit : *la Démocratie nouvelle*, a écrit ce qui suit :

« Nous avons cru qu'il était possible de transformer profondément la situation matérielle de la classe pauvre en se servant de la puissance politique pour modifier la répartition des revenus (remaniement des impôts, lois favorisant apparemment la classe ouvrière, etc.). Nous nous sommes trompés. L'expérience a démontré que les effets de cette méthode étaient très limités, pour la raison que la rémunération capitaliste ne peut être réduite au delà de certaines limites sans déterminer un arrêt de l'esprit d'initiative, phénomène appelé classiquement : crise de confiance. »

« Qu'arrive-t-il, en effet ? Les capitalistes, traités en ennemis et ne travaillant plus en sécurité, n'osent plus engager leurs fonds dans les entreprises du pays, ils les emploient à l'étranger et la production nationale reste stationnaire ou se restreint en même temps que la condition des ouvriers reste chétive ou misérable.

«...Tout en rendant hommage aux sentiments généreux et à la préoccupation de justice qui inspirent, dans bien des cas, cette politique, il n'en est pas moins nécessaire de proclamer ses résultats désastreux et de constater qu'elle repose sur une véritable méprise économique. Nous avons fait dépendre l'amélioration sociale *d'une affaire de partage*, alors qu'elle est avant tout *une question de production* [1]. »

Ceci est le point de vue économique. Dans une autre circonstance, Lysis a creusé davantage le sujet :

« Décomposer une société, a-t-il dit, faire fondre ses cadres et briser les ressorts de sa vie collective pour reconstituer, avec des éléments dissociés, un organisme supérieur, est une conception de dément. »

Telle fut pourtant l'œuvre à laquelle Jaurès dévoua sa vie et prêta la magie de son éloquence. Qu'importe ici la pureté des intentions ? Que Jaurès, grisé de ses songes, se soit fait illusion à lui-même, c'est possible, il n'en a pas moins été un maître sophiste, un semeur d'anarchie intellectuelle. Souhaitons que sa postérité s'éteigne et que l'oubli s'étende sur son nom...

1. *Vers la Démocratie nouvelle*, p. 11 et 12.

NOTE VII

LE PAYSAN

EXTRAIT D'UNE CORRESPONDANCE ANONYME ADRESSÉE
A *l'Action française* LE 5 JUILLET 1916.

« Le paysan vit bien mais gagne peu. Les grandes fortunes ne sont pas des fortunes rurales.

« Le paysan a le sentiment du devoir vis-à-vis du travail, vis-à-vis de la famille, vis-à-vis du prochain.

« Discipliné comme il l'est, le paysan est prêt pour faire un soldat. Et si la France a les meilleurs soldats du monde, c'est aussi parce que la France a les meilleurs ruraux. Rien n'est plus aisé que d'élever le paysan à l'idée de patrie. Les vertus qui font de lui un homme sociable agissent pour créer un patriote. »

« Le paysan n'est pas un commencement mais une fin... »

Antérieurement M. Georges Valois avait dit dans *la Monarchie et la classe ouvrière* :

« Tous les métiers, tous les arts sont subordonnés à la culture du sol : c'est elle qui assure la conservation de l'humanité et c'est par elle que l'homme sort de l'état nomade, de la barbarie guerrière et entre dans la civilisation. C'est le fondement de l'ordre. Par le travail, par les coutumes qu'elle impose, elle pacifie la nature humaine et lui donne ses premières disciplines. La culture de la terre est une première culture humaine, culture des instincts et des sentiments et culture de l'espèce, car sa méthode refrène l'anarchie des passions, endort les caprices de la sensibilité et ouvre l'intelligence à la connaissance des choses éternelles. »

Le bon sens est la qualité maîtresse du paysan ; il est lent à évoluer et son attachement à la coutume, que l'on qualifie de routine, le préserve de bien des erreurs. Ne médisons pas de la coutume, elle est essentiellement conservatrice des vérités dont les peuples vivent, étant le fruit de l'expérience.

M. Albert Babeau, qui a si bien mis en relief, dans ses études historiques, les traits caractéristiques de la vie sociale dans l'ancienne France, cite cette anecdote qu'il dit tenir de M. Ternizey de Larroque.

Le chef d'une ancienne famille de paysans, lorsque la moisson était terminée, s'agenouillait devant les gerbes entassées et disait à son entourage :

« Mes enfants, nous allons prier pour nos vieux qui ont défriché ces champs et qui ont préparé notre récolte d'aujourd'hui [1]. »

Est-il rien de plus beau ?

1. *La Réforme sociale* du 16 janvier 1914.

NOTE VIII

LA MAISON DE FAMILLE.

On a maintes fois célébré, en prose et en vers, le caractère vénérable de la maison qui, en abritant la suite des générations, s'imprègne de leur souvenir. De Cicéron à Lamartine les auteurs qui ont traité ce sujet sont innombrables. M. Charles de Ribbe a énuméré les principaux dans son bel ouvrage : *Les Familles et la Société en France avant la Révolution* [1]. De nos jours, l'un de nos meilleurs romanciers, M. Henri Bordeaux, en a tiré quelques-unes de ses plus agréables compositions. Voici en quels termes émouvants, l'un de nos plus éloquents prélats, Mgr Tissier, évêque de Châlons, décrit à son tour le charme de la vieille maison et la place qu'elle occupe dans la vie de ceux qui l'occupent :

« Une famille, c'est une société unie dans les mêmes vues travaillant au même effort, mais c'est aussi une *demeure*.

« Une famille est constituée par un lien moral, mais aussi par un lien précis, par des mœurs, par une enceinte où l'âme elle-même s'attache et se façonne, où l'arome des vertus des ancêtres, imprégné dans les pièces du logis et dans les vieux meubles, est plus qu'une leçon du passé, mais une influence active et quotidienne, qui donne à chaque habitant son cachet, son caractère ; où tous les souvenirs vivants des choses et des personnes d'hier sont une emprise sur ceux d'aujourd'hui. La maison familiale, c'est une mère qui sait tous les secrets de la vie et tous les chemins de

---

1. 2 vol. in-12. Aux bureaux de la *Société d'économie sociale.*

l'avenir. Elle a, dans ses murailles sacrées, des voix douces et sages qui disent la route aux nouveaux venus.

« C'est le nid éternel, d'où bien des oiseaux sont partis, mais où leur vol filial, par de secrets instincts, les ramène toujours. Il faut garder, à cause de cela, le culte des maisons, des vieilles maisons, que les aïeux vénéraient comme des sanctuaires, tant étaient saintes leurs inspirations...

« Soyez fidèles à la maison de vos pères [1]. »

1. La Femme au Foyer, p 317.

CONCLUSION

Nous demandons que la terre, qui paie trois fois plus
d'impôts que la fortune mobilière, soit traitée sur le pied
d'égalité.

Nous demandons que la terre soit autorisée à payer
d'avance les droits de succession, au moyen de taxes
annuelles, analogues à celles qui grèvent actuellement les
titres au porteur. La surcharge qu'elle subit devrait être con-
sidérée dès à présent, dans une large mesure, comme équi-
valente à ces taxes. De la sorte, on éviterait le dommage
immense que cause aux familles terriennes l'extension
démesurée des droits de succession.

TABLE

Poitiers. — Société française d'Imprimerie.

www.ingramcontent.com/pod-product-compliance
Ingram Content Group UK Ltd.
Pitfield, Milton Keynes, MK11 3LW, UK
UKHW022315070726
13614UKWH00002B/746